はじめての研究レポート作成術

沼崎一郎

岩波ジュニア新書 865

まえがき

　この本は、はじめて自分で何かを調べてレポートにまとめようとする人のために、その方法をわかりやすく解説した**研究レポート作成術**の入門書です。研究レポートなんていうと何やら難しそうに聞こえるかもしれませんが、今まで「知らなかったこと」について、事実を自分の力で集め、集めた事実をもとにして、自分の頭で考えた結果「わかったこと」を、自分の言葉で表現したものだと思えば、やればできそうな気がしませんか？

　この本が紹介する研究レポート作成術は、高校生や大学生なら「やればできる」ものです。中学生でも、がんばれば「やれる」と思います。もしかしたら、小学生でも5～6年生なら「やれる」かもしれません。それくらい基本的なことばかりを書いています。

　たとえば、図書館へ行って、1年分の新聞を広げ、すべてのページをパラパラと眺めながら、「知らなかったこと」をメモしていくといったことは、だれでも「やればできる」でしょう。図書館に行く、新聞のある場所を教えてもらう、そこへ行って新聞を広げる、記事を読む、見出しをメモする、そういう作業は、高校生や大学生はもちろん、中学生でも、小学校高学年でも「やればできる」ことですよね？

　え？　そんな面倒くさいことをさせようという本なのかと、もう読む気がなくなりましたか？　それとも、そ

れなら自分でもできるかもしれないと、読む気が出てきましたか？

まあ、とにかく読んでみてください。この本では、研究レポートの作成に欠かせない特に基本的な**研究の基礎技術**をいっぱい書きました。私が高校生や大学生の頃からやってきたこともありますし、大学教員になってから新入生に研究への取り組み方と文章の組み立て方を教えるなかで重ねてきた工夫もあります。そのすべてをこの本で紹介しています。

この本では、読者がパソコンやスマートフォン（スマホ）を使え、インターネットにアクセスできる環境にいることを前提として、Google が提供する各種サービスとスマホ・タブレット用のアプリを使って、**Google ドライブというクラウド上（インターネット上）の作業空間で、研究レポートの作成を進める方法**を紹介します。

Google を使うのは、すべてのサービスやアプリが**無料**で提供されており、Windows にも Mac にも、Android（Google の提供するスマホ・タブレット用の基本ソフト）にも iOS（iPhone/iPad の基本ソフト）にも対応しているので、どの機種のパソコンやスマホ、タブレットでも利用できるからです。

また、学校や図書館のパソコンのブラウザからでも自分の Google アカウントにログインすれば、自分専用の Google ドライブが使えます。

そこで、この本では、パソコンのブラウザから **Google ドライブを起動して様々な作業を行う方法**を解

説します。

　本文中で説明しますが、Googleが無料で提供するブラウザソフトChromeを使うと閲覧中のウェブサイトを直接Googleドライブに保存できて便利です。しかし、他のブラウザからもGoogleのサービスはすべて使えます。どのブラウザからでも、Google日本のウェブサイト(google.co.jp)を開くと、ログイン画面が現れます。

　青い ログイン ボタンをクリックすると、自分のアカウントに入ることができます。その左の ⋮⋮⋮ ボタンをクリックすると、グーグルの各種サービスのメニューが出てきます。さらにその左の 画像 ボタンをクリックすると、画面が画像検索に変わります。Gmail ボタンは、自分のメール受信画面を開くためのものです。

　それから、この本では(著者姓　出版年)あるいは(著者姓　出版年：ページ)の形で**出典**を示す注が本文中に挿入されています。これは**ハーバード方式**と呼ばれ、**引用文献一覧**とセットで元になった文献を明らかにするものです。詳しくは第3章「1. どこまでも誠実に書くために」で説明しますが、第1章の最初のページからハーバード方式の注が出てきますから、著者姓と出版年を手がかりに、この本の末尾の引用文献一覧を見て、私が元にしている文献の**書誌情報**(書名や出版社などの情報)を確認するというやり方を学んでください。

　なお、この本では、理系の実験レポートや調査レポートは扱いません。文系でも、文学や哲学などの分野の研究レポートは扱いません。また、実際に自分で実験や調

査を行うことは想定していません。あくまでも、初心者がインターネットと図書館を使って入手できる資料を用いた研究レポート作成術の解説を目指しています。社会科学における実験や調査のやり方については既に多くの解説書が出版されていますから、自分で実験や調査をしようという場合は、そちらを参照してください。

　また、この本で紹介しているウェブサイトのデザインは変更される可能性があります。この本の説明は、あくまでも執筆時点のものです。

　最後に、この本を読めば、コピペなどしなくてもレポートが書けるようになることを強調しておきたいと思います。それどころか、**この本が紹介する研究の基礎技術を身につければコピペなどしたいとも思わなくなる**ことでしょう。なぜかは、この本を読みながら自分で研究レポートを作成してみればわかります。

　それでは、研究の世界へGO！

目 次

まえがき

第1章 研究をはじめる前に …… 1

1. 研究するとは、何をすることか？ …… 3
2. どこまでも事実に基づいて研究するために …… 9
3. どこまでも誠実に研究するために …… 22

パワーアップ・レッスン1
批判的に考え、批判的に読む …… 31

第2章 研究を進める …… 39

1. 研究の流れ …… 41
2. 小さなトピックを見つける …… 43
3. 大きなテーマを見つける …… 62
4. 問いを立て、答えを見とおす …… 73
5. 事実が書かれた資料を探す …… 82
6. 資料のなかからデータを集める …… 102
7. データに事実を語らせる …… 108

パワーアップ・レッスン2
大学教員を訪ね、アドバイスをもらう …… 126

第3章　研究レポートを書く ……… 137

1. どこまでも誠実に書くために ……… 139
2. どこまでも論理的に書くために ……… 153
3. 研究レポートの組み立て方を知る ……… 163
4. 序論を書く ……… 166
5. 本論を書く ……… 179
6. 結論を書く ……… 193
7. 形式を整え、提出する ……… 204

パワーアップ・レッスン3
構想や結果をプレゼンテーションする ……… 224

引用文献一覧 ……… 234
あとがき──研究レポート作成を指導なさる方々へ ……… 239

章扉イラスト：村山宇希

第1章
研究をはじめる前に

この章のポイント

◆ **研究という言葉の意味を知る**
- 研究って何？
- 勉強って何だっけ？
- 研究と勉強の違いはどこか？

◆ **事実に基づく研究に必要なことを知る**
- 実証って何？
- 事実って何？
- 意見って何？
- 事実と意見の違いはどこか？

◆ **誠実な研究に必要な習慣を知る**
- 研究のインテグリティって何？
- 研究に必要な6つの良い習慣とは？

★ **批判的に考え、批判的に読めるようになる**

1 研究するとは、何をすることか？

A 研究という言葉の意味を調べてみる

研究とは何でしょうか。知らない言葉ではないけれど、何かと聞かれると、うまく説明できませんね。そういうときは、国語辞書を引いてみましょう。最初に引く辞書としておすすめなのは、三省堂の『新明解国語辞典　第七版』(山田他 2012)です。「研究」を引いてみましょう。

> 問題になる事柄についてよく調べて事実を明らかにしたり理論を打ち立てたりすること。
> （山田他 2012: 461）

と書かれています。ポイントは、「**よく調べる**」、「**事実を明らかにする**」、「**理論を打ち立てる**」の3つです。

最初のポイント「よく調べる」やり方については、第2章で詳しく説明します。ここでは、2つ目のポイント「事実を明らかにする」と3つ目のポイント「理論を打ち立てる」について、じっくり考えていきます。

再び『新明解国語辞典』を引いてみましょう。

事実は「実際にあった事柄としてだれもが認めなければならないこと」(山田他 2012: 626)と書かれています。すると、「よく調べて事実を明らかにする」とは、実際にあったと皆が認めなければならないことを、よく探し

て見つけ出すということになります。

　理論は「個個の現象に適用し得るものとして組み立てられた、普遍的かつ体系的な説明・概念・知識の総体」(山田他 2012: 1598)と書かれています。これは何だかよくわかりませんね。そういうときは、別の辞書を引いてみましょう。『広辞苑　第七版』の説明はこうです。

　①(theory)
　　ア　科学において個々の事実や認識を統一的に説明し、予測することのできる普遍性をもつ体系的知識。
　　イ　実践を無視した純粋な思弁的・観想的知識。この場合、一方では高尚な知識の意であるが、他方では無益だという意味のこともある。
　　ウ　ある問題についての特定の学者の見解・学説。
　②論争。〈日葡〉

(新村 2018: 3101)

　①(theory)とあるのは、theory の訳語としての理論の意味だということです。そして、それにはア〜ウの3種類があるわけです。

　アは『新明解国語辞典』の説明と似ていますね。たとえば、アインシュタインの相対性理論と言うときの理論が、まさにアの意味での理論でしょう。

　日常的には、イの意味で使うことが多いでしょうか。たとえば、母親に「夏休みの宿題は毎日計画的にやりな

さい」と言われて、「そんなの理論に過ぎないよ」と答えことはありませんか？

　ウの意味では、たとえば宇宙の起源に関するビッグバン理論があります。宇宙にははじまりがあり、超高温・超過密の状態から爆発的に膨張して現在の宇宙ができあがったという「学説」です。今では一般常識と言ってもいいくらいですが、初めは、宇宙にははじまりもおわりもなく、常に変わらず一定であるというフレッド・ホイルらによる定常宇宙説とともに、あくまでも「特定の学者の見解・学説」であって、両者の間で激しい論争がありました。サイモン・シン著『宇宙創成』（シン 2009）は、ビッグバン理論が広く受け入れられるまでの歴史を楽しく教えてくれる本です。

　今では、②の意味で理論と言う人はいないでしょう。〈日葡〉と書いてありますが、これは、17世紀の初め、イエズス会の宣教師らが日本でキリスト教を広めるためにつくった日葡辞書という日本語－ポルトガル語辞書を指します。そのころ日本では、論争という意味で理論と言っていたわけです。

　ここで、①ウの「ある問題についての特定の学者の見解・学説」というところに注目しましょう。念のために『広辞苑』を引くと、見解は「物事に対する見かたや考え方。意見」（新村 2018: 934）です。ということは、理論とは、結局のところ、意見でしょう。

　ならば、研究で「理論を打ち立てる」とは意見を組み立てるということになります。それなら、少しがんばれ

ば、だれでもできそうではないですか?
　ようやく、研究するとは何をすることか、わかってきましたね。『新明解国語辞典』の説明を次のように書きかえて、この本での研究の定義としましょう。

　　　研究とは、問題になる事柄についてよく調べて事実を明らかにしたり<u>意見を組み立て</u>たりすること。

「最初からそう言えばいいじゃないか!」という声が聞こえてきます。しかし、それではダメなのです。言われたことを暗記するだけで終わってしまうからです。ここまでの話の流れが、実は研究そのものであったことに気づきましたか?

B　研究と勉強はどう違う?

「○○とは何か」を知るためには、もう1つやらなければならないことがあります。それは、似たようなものとの違いをはっきりさせることです。研究と似たようなものに、**勉強**があります。小さい頃からしてきたことですが、勉強って何でしょうか?
　また『新明解国語辞典』を引くと、勉強とは、

　　　物事についての知識や見識を深めたり特定の資格を取得したりするために、今まで持っていなかった、学力・能力や技術を身につけること。

(山田他 2012: 1372)

です。ポイントは、わからなかったことがわかるようになる、できなかったことができるようになるという点にあります。つまり、勉強とはできるようになるために必要なものを身につけることなのです。

さらに、勉強すべきは「知られているもの」です。数学や物理学で勉強する法則や定理は、すべて証明済みのものでしょう。身につけるのは、正しいとわかっている証明のやり方です。

もちろん、試験では、見たことのない問題を解くわけですが、それは習った法則や定理を使えば解けることがわかっているものであって、解けるかどうかわからないものや、解き方の見つかっていないものではありません。

それでは、研究すべきは何でしょうか？ 「知られているもの」は勉強すればいいので、わざわざ「よく調べて事実を明らかにしたり理論を打ち立てたり」する必要はないでしょう。

そうすると、研究すべきは「知られていないもの」ではないでしょうか？ 「知られていない」からこそよく調べて事実を明らかにしなければいけないわけですし、「知られていない」ことだからこそ新たに意見を組み立てる必要が出てくるのです。

このように勉強と比較して考えると、研究の定義を修正する必要がありそうです。

研究とは、問題になる<u>知られていない事柄について
よく調べて事実を明らかにしたり新しく意見を組み
立てたりすること</u>。

　したがって、研究レポートとは知られていない事柄に
ついてよく調べた成果の報告ということになります。

2 どこまでも事実に基づいて研究するために

A 実証的に研究する

　この本では、特に**実証的**な研究レポート作成に取り組みます。

　『新明解国語辞典』によると、実証的とは「いちいち確かな証拠に基づいて、研究を進める様子だ」(山田他 2012: 643)ということであり、**証拠**とは「事実を裏付ける上で確実な証明になると判断される材料」(山田他 2012: 715)です。したがって、実証的に研究するとは、

> 問題になる知られていない事柄について、<u>事実を裏付ける上で確実な証明になると判断される材料を集め</u>、<u>そのような材料のみに基づいて</u>、事実を明らかにしたり新しく意見を組み立てたりすること

になります。

　そこで次に問題となるのは、「事実を裏付ける上で確実な証明になると判断される材料」は何かということです。たとえば、「あのラーメン屋は人気がある」ということを実証するには、どうすればいいでしょうか？

(1)自分の目で見る

　「人気がある」ということは、お客さんがいっぱい来

るということでしょう。お客さんがいっぱい来るとしたら、店に入りきれず、店の外に長い行列ができます。

そうだとしたら、店の外に長い行列ができていれば、それは、そのラーメン屋は人気があるという「事実を裏付ける上で確実な証明になると判断される材料」になるのではないでしょうか？

それならば、自分でその店に行ってみて、店の外に行列ができているかどうか、自分の目で見ることです。

(2) 人の話を聞く

自分で行くのが難しいときは、実際に行ったことのある人に聞いてみればいいでしょう。

その結果、「はい、私は行ったことがありますが、長蛇の列で、店に入れるまで30分も待たされました」という証言が得られれば、「事実を裏付ける上で確実な証明になると判断される材料」の1つになります。

「このあいだ行ったとき、写メとりましたよ。ほら、これです」とスマホの画像を見せられて、確かに長い行列が写っていれば、証言だけでなく**物証**(証拠となる品物)もあることになり、信用性が高まりますね。

(3) 経験を通して確かめる

重要なことは、実際に観察あるいは観測が可能だということです。実証的な研究では、**実際に経験できる現象**だけを「事実を裏付ける上で確実な証明になると判断される材料」と認め、その現象が確かに経験されたかどう

かを探ります。そのため、実証的な研究のことを、英語では「経験的な研究」(empirical research)と言います。

実証的な研究の目的も「事実を明らかにしたり新しく意見を組み立てたりすること」です。そこで、事実と意見について、もう少し詳しく検討しておきましょう。

B 事実とは何か？

(1) 事実とは、どういう事柄か？

事実とは「実際にあった事柄としてだれもが認めなければならないこと」でしたね。

ということは、自分だけ「あった、あった」と叫んでも、周囲に認めてもらえなければ、事実とは呼べないわけです。それでは、周囲に認めてもらうためには、どうすればいいでしょうか？

周囲の人にも「あった」ことを確認してもらえばいいのです。だれもが「実際にあった」ことを確認する方法があれば、事実として受け入れてくれるでしょう。

a.「あった」と確認する方法がない

しかし、私たちの身の回りには、このような意味で事実として扱えない事柄がたくさんあります。

例 「昨日は暑かった」

これは、「そうだった」と周囲の人に確認してもらうことができません。昨日の新聞記事を見て最高気温が

32℃だったと確認できたとしても、だれもが「暑かった」と認めるかどうかはわかりませんよね？ なぜなら、32℃でも暑く感じない人もいるからです。どれくらいの気温で暑いと感じるかは人それぞれです。

例 「この花はきれいだ」

何かを「きれいだ」と思うかどうかも、人それぞれです。だれもが「きれいだ」と認めなければならない花などありません。

これらの例から、<u>個人的な感じや思いは事実として扱ってはいけない</u>ということがわかります。

b.「あった」と確認する方法はあり、周囲も納得しそう

それでは、次のような場合はどうでしょう？

例 「今、10 時 25 分だ」

このことを事実として受け入れてもらうには、時計を見せるという方法があります。だれか1人の時計だけでは心配なら、皆で時計を見せ合えばいいでしょう。

例 「昨日はじっとしていても汗ばむ陽気だった」

これも、「実際にあった」かどうか調べる方法があります。昨日着ていたシャツを出してもらって、汗のシミがあるかどうか見てみればいいわけです。それが無理なら、昨日は動かずにいても汗ばんだかどうかを、皆に聞いて回ってもいいでしょう。

そこで、『新明解国語辞典』の説明を発展させて、事実を次のように定義しましょう。

　事実とはそれが実際にあった事柄としてだれもが何らかの方法によって確認できることである。

c.「あった」と確認する方法はあるが、周囲はもめそう

　しかし、「あった」か「なかった」か、どんな方法を使えば確認できるかが論議を呼ぶこともあります。

例　ホームランかファウルかの判定

　たとえば、プロ野球の判定がそうです。ホームランかどうかは審判が目で見るという方法で判定しますが、審判も人間ですから、誤審がしばしば問題になります。そこで、日本のプロ野球では、ホームランかどうかの判定にはビデオという別の方法を補助的に使うようになりました。それでも、観客やファン、マスコミから判定に異論が出されることは少なくありません。

　歴史的な事柄となると、さらに「実際にあった」かどうかを確認する方法をめぐる論争が紛糾します。

例　「集団自決」は強制されたか、そうではなかったか

　第二次世界大戦末期の沖縄戦で日本軍は住民に集団自決を強制したのかどうかについては、ずっと論争が続いています。「強制」があったかなかったか、どのような方法で確認すればいいでしょうか？

ジャーナリストの謝花直美さんは、経験者の証言という方法によって、これを確認しようとしました(謝花 2008)。しかし、当事者の証言は貴重だと言う人もいれば、それだけでは不十分だと言う人もいます。

　このように、実際にあった事柄だと確認する方法について人々の合意が得られないことは多々あります。

　さらに、立場によって見えるものが違い、そのため人によって証言も違ってくるということは、芥川龍之介の有名な小説「藪の中」(芥川 1980)が鮮やかにえがいています。人によって見え方が異なり、同じ事柄が違う事柄に見えるとしたら、だれもが実際にあったと認めなければならないような事柄なんてあるんでしょうか？

(2)事実を探しに行こう！

　とはいえ、難しいと言ってばかりはいられません。勇気を出して事実を探しにいきましょう。気をつけなければいけないのは、次の3点です。

① 実際にあったと確認する方法があるか？
② その方法は多くの人が妥当と認めるものか？
③ 多くの人が妥当と認める方法がない場合、どういう基準で確認する方法を選べばよいか？

　①の答えがノーなら、その事柄は事実として扱えません。①と②の答えがイエスなら、多くの人が妥当と認める方法で実際にあったと確認できるので、事実と認める

ことができます。研究では、そのように認められる事実を集めていきましょう。

①がイエスだが②がノーという場合は、③を考えなければならなくなります。そこで重要なのは、確認に使った方法がどのようなものか、なぜその方法を選んだのかを明らかにすることです。

このような場合、研究レポートでは、こういう視点から、こういう方法を使うと、こんな事実が見えましたという書き方をすることになります。

たとえば、謝花直美さんの調査では、当事者の視点から、記憶を証言するという方法を使うと、集団自決の強制はあったという事実が見えたわけです（謝花 2008）。

C　意見とは何か？

(1)意見には3種類ある

意見とは、『広辞苑』によれば「①思う所、考え」（新村 2018: 147）であり、『新明解国語辞典』によると「ある問題についての、個人の考え」（山田他 2012: 68）でした。意見とは**考え**のようです。そこで『新明解国語辞典』を見ると、「考える」には「経験や知識を基にして、未知の事柄を解決（予測）しようとして、頭を働かせる」（山田他 2012: 309）という説明があります。

a. これからのことの解決策または予測

以上のことから、意見とは、

> 経験や知識を基にして、未知の事柄を解決（予測）しようとして、頭を働かせた結果、思いついた<u>解決策または予測</u>である

と定義できます。

　たとえば、私は大学の生協食堂で昼食をとりますが、いつも「今日は何を食べようか？」と考えます。昨日はみそラーメンを食べました。生協のメニューは知っています。この経験と知識に基づいて、頭を働かせ、「今日はカレーうどんを食べればいい」という解決策を思いつきます。お昼に何を食べるかという未知の事柄に関して、私が思いついた「カレーうどんを食べればいい」という解決策は、私の意見ということになります。

　生協食堂へ向かう私の姿を見て、「きっと先生はみそラーメンを食べるぞ」と考えた学生がいるとしたら、この予測は彼の意見です。

　生協食堂に行くと、「先生、新しい豚骨ラーメンがおすすめですよ」という学生に出会います。こうして、私はさらに別の解決策＝意見を耳にします。

b. あったことの評価

　結局、私は新しい豚骨ラーメンを食べたとしましょう。生協食堂からの帰りがけ、別の学生に会い、「豚骨ラーメンおいしかった」と言うと、「先生、豚骨ラーメンなんか食べちゃダメですよ」と言われました。

　きっと彼女は、コレステロールについての知識があり、

私が「健康診断で悪玉コレストロールの値が高かった」と言っていたのを覚えていたのでしょう。そして、コレステロールを増やしたくなければ脂質の多い豚骨ラーメンを食べてはいけないと考えたわけです。これは、彼女の意見です。

すると、先に引用した『新明解国語辞典』の説明をもとにした意見の定義は不十分ではないかという疑問がわきます。彼女の意見は、私が何を食べるかという未知の事柄ではなく、私が豚骨ラーメンを食べたという**既知の事柄**についてのものだからです。

そこで、意見に次のような定義を追加しましょう。

　　　経験や知識を基にして、既知の事柄を評価しようとして、頭を働かせた結果、思いついた判断である。

c. あったことの意味の解釈

もう少し、私の昼食についての話を続けましょう。脂質が多く体に悪いかもしれないと承知のうえで新しい豚骨ラーメンを食べたという私の行動を知って、ある学生は「先生は身をもって文化人類学を教えようとしている」と解釈したとします。新しいメニューに果敢に挑戦するということは、知らない文化を積極的に体験しようというデモンストレーションだというわけです。

このように、私たちは、同じ事柄を様々に解釈し、いろいろな意味を読み取ろうとすることがあります。

意味の読み取りも、経験と知識に基づいて行われるも

のです。この学生は、私が海外に出張すると、必ず怪しげな食べ物を買ってきては、学生に「食べてみなさい。これも文化人類学だから！」と言っているのを目撃した経験があるからこそ、豚骨ラーメンを食べることに文化人類学を教えるという意味を読み取ったのでしょう。

こう考えると、意見を次のように定義することもできます。意見とは、

経験や知識を基にして、既知の事柄の<u>意味を知ろう</u>として、頭を働かせた結果、思いついた<u>解釈</u>である。

(2)意見は、経験と知識に基づく

a. 経験と知識が違えば、意見も違う

以上の検討から、意見には３種類あることがわかりました。第１に未知の事柄の**解決策や予測**、第２に既知の事柄の**評価**、そして第３に既知の事柄の**意味の解釈**です。そして、この３つに共通するのは、**経験と知識に基づく考え**であるということです。

人によって経験と知識は違います。そのため、同じ事柄についての考えも、人によって違ってきます。つまり、意見は人の数だけあることになります。

これは、専門家であっても同じです。病気の治療法について、医者の意見が一致しないことはよくあることです。それで、セカンド・オピニオンを聞いたほうがいいとアドバイスされるようになりました。最初から多数の専門家に聞くシステムを採用している制度もあります。

最高裁判所は憲法違反かどうかの判決を下すところですが、重大な事件の場合、15人の裁判官が合議する大法廷を開きます。

　治療法についての医者の意見にせよ、憲法違反かどうかの裁判官の意見にせよ、多数だから正しいとは限りません。10人中9人が支持する治療法でも失敗することはあります。最高裁判所の判決は、時代が変われば大きく変わります。

　自然科学でも同じです。ビッグバン理論は、初めは、少数の意見にすぎませんでした。それが、今ではビッグバンは「確かにあった」（ビッグバンは科学的な事実だ）と考える物理学者が大多数になりました。こう考える物理学者が増えたのは、宇宙背景放射の観測などビッグバンという「事実を裏付ける上で確実な証明になると判断される材料」が見つかったから、つまりビッグバンが実証的に確かめられてきたからです。

b. 経験と知識が変われば、意見は変わるし、変えていい
　ここで、重要なことに気づきます。意見とは、基づく経験と知識が変わったら、それに応じて変えるべきものだということです。そうでなければ、科学の進歩はありえません。意見は、変えていいのです。いや、意見を変えるために、新しい経験と新しい知識とを求め続けるべきなのです。そのために実証的な研究をするのです。

D 事実と意見を見わけよう

(1)意見を事実だと思ってはいけない

考えに過ぎないことを実際にあったことだと思いこむのは、意見を事実とまちがえることです。

「重い物ほど速く落ちる」というのはアリストテレスの「考え」に過ぎなかったのに、それを人々は長いあいだ「本当にあった」ことだ、すなわち事実だと思い込んでいました。

ガリレオは、様々な実験を通して「重い物ほど速く落ちる」ことは「なかった」と示すことによって、アリストテレスの説は事実ではなく単なる意見であったこと、そしてそれは事実に反する意見であったことを明らかにしました(ガリレイ 1937, 1948)。

(2)意見が事実と広く認められることもある

反対に、考えに過ぎないと思われていたことが「本当にあった」ことが示されれば、意見を事実として受け入れることができるようになります。

ガリレオの時代までは、地球が太陽の周りを回っているというのは、神をも恐れぬ不遜な考えでしたが、今では「だれもが実際にあったと認める」事実になりました。

(3)評価や解釈は事実として扱えない

これに対して、評価や解釈は、「本当にあった」かどうかを確認することはできません。

たとえば、ビッグバン理論が事実として受け入れられはじめると、一部のキリスト教信者は、ビッグバンを「光あれ！」という神の声だと解釈し、「聖書は正しかった」と言うようになりました。しかし、この解釈が事実かどうかを確かめる方法などありませんよね？
　このように、評価や解釈は事実として扱うことはできません。

3 どこまでも誠実に研究するために

A 研究にはインテグリティが必要

(1)研究公正って何？

　2014年は「STAP細胞事件」に大きく揺れた1年でした。最初は世紀の大発見と騒がれましたが、次々と様々な疑惑がインターネット上で指摘され、**研究不正**があったかなかったか理化学研究所による調査が行われて、最終的に論文は撤回されました。毎日新聞の須田桃子記者は、この事件を詳しくドキュメントしています（須田 2015）。

　この事件は世間の注目を集め、科学的な実験結果のねつ造や改ざん、論文のコピペといった研究不正の問題が新聞紙上やテレビのワイドショーで取り上げられました。

　この事件がきっかけとなって、研究不正を防止するため、研究者たちの間でも広く**研究倫理**（research ethics）が議論されるようになりました。そして、主にアメリカの制度を参考に、学生や研究者に**研究公正**（research integrity）を教育しなければならないということになりました（日本学術振興会「科学の健全な発展のために」編集委員会 2015）。

　日本語で研究公正なんて言うと、なにやら難しそうですね。しかし、research integrityという英語は、英語のネイティブスピーカーには決して難しく響きません。

なぜなら、integrity とは日ごろからよく耳にする言葉だからです。

代表的な英語辞書 The American Heritage Dictionary of the English Language によると、integrity には、「厳格な道徳または倫理を忠実に守り通す」、「損傷がなく、健全」、「まとまった全体をなし、分けられていない、全部そろっている」という3つの意味があります (Houghton Miffin Harcourt Publishing Company 2017)。

この3つには共通点があります。それは「何も欠けておらず、傷も汚れもない」ということです。すると、research integrity とは「研究に欠けたところがなく、傷も汚れもないこと」という意味になります。長いので、これからは**研究のインテグリティ**と呼ぶことにします。

(2)インチキしてはいけない

実験結果をねつ造したり、改ざんしたりするのは、出て欲しい結果が欠けているからでしょう。ねつ造とは、本当は何も結果が出ていないのに、インチキしていかにも結果が出たかのように見せることです。改ざんとは、不十分で不都合な結果を、やはりインチキして十分で好都合な結果であるかのように作りかえることです。コピペとは、他人の文章を盗んできて、自分が書いた文章だと見せかけることです。どれも、何か大切な物が欠けていることを隠し、本当は欠けたところがあるのに何も欠けていないかのように装う行為です。

ねつ造、改ざん、コピペは、研究にあってはならない傷や汚れなのです。それがたくさんあるのではないかと大騒ぎになったのが2014年のSTAP細胞事件でした。

高校生や大学生の研究レポートであっても、研究であるからには、欠けたところや傷や汚れがあってはいけません。やはり、研究のインテグリティが求められるのです。しかし、どうすればインテグリティのある研究ができるのでしょうか？

B 研究の6段階に必要な良い習慣

そこで、高等教育の哲学を専門とし、学問論を探求しているブルース・マクファーレンの著書『インテグリティを持って研究すること』(Macfarlane 2009)に従って、どうすればインテグリティのある研究ができるかを、できるだけ簡単に説明したいと思います。

マクファーレンは、研究には6つの段階があり、それぞれの段階で特に重要な習慣(徳)が1つずつあると言います。

研究の**枠組みを作る段階**では勇気を出すこと、研究対象者や関係者と**交渉する段階**では相手を人間として尊重すること、資料を**収集する段階**では強固な意志を持ってやりとおすこと、資料を分析して**結果を出す段階**では正直であること、研究成果を**発表する段階**では謙虚であること、そして研究全体についてふりかえる**段階**では反省すること、この6つです。

(1)勇気を出して、問いを立てる

　研究の枠組みを作る段階では、問いを立て、どういう方法でどういう資料を集め、どのような視点からどう分析すれば答えが出せるかを考えて、研究計画を立てます。

　たとえば、ガリレオは「重い物ほど速く落ちるのか？」という問いを立て、様々な実験を工夫して、物の重さと落ちる速さの関係を調べました（ガリレイ 1937, 1948）。高校生や大学生の研究レポートづくりで立てる問いとはどのようなものかについては第2章で詳しく説明します。

　なぜ問いを立てるときに勇気を出すことが大事かというと、困難な問題にチャレンジするためです。勇気が出ないと、失敗を恐れ、ついつい答えの出しやすそうな問題を探してしまいます。それでは、価値ある研究ができません。価値ある研究をするには、失敗を恐れない勇気が必要なのです。

　しかしながら、勇気を出し過ぎると、むちゃな挑戦に走る恐れがあります。失敗を恐れてはいけませんが、成功の可能性がゼロでは無謀です。勇気は、足りなくても、ありすぎてもダメなのです。

　ですが、若い人は、どちらかと言えば勇気がありすぎるくらいでちょうどいいでしょう。大人から見ればむちゃで無謀で無理なことにもチャレンジするのが、若さというものです。失敗しても、若いうちは許されますし、やり直しもできます。自分にはとてもできそうもないと思ったとしても、弱気にならず、あえて困難な研究にチ

ャレンジしてほしいと思います。

⑵協力者・関係者を、人間として尊重する……

　研究対象者や関係者と交渉する段階では、資料の所有者から利用許可をもらったり、実験や調査の対象者に協力を要請して同意をもらったりします。そういう人たちを人間として尊重しなければならないわけです。

　高校生や大学生であっても、研究レポート作成を進める過程では、のちに述べるように、いろいろな人にお世話になります。また、この本が扱う社会科学的な研究の場合、対象となるのは人間ですから、直接調査しないとしても、自分が取り上げるできごとや事件にかかわる人々を尊重しなければなりません。

　それにしても、相手を人間として尊重するって、どうすることなのでしょうか？

　それは、第1に、研究の目的と方法、結果の公表の仕方などをきちんと説明し、その意義と安全性を十分に納得したもらったうえで、研究に協力するかどうかを、自分の意志で決めてもらうことです。

　そして、第2に、途中で研究に協力できない事情が相手に生じたら、あるいは単にもう嫌だと相手が言うときには、相手の意志を尊重して研究協力をやめてもらうことです。

　つまり、相手を自由にさせるということです。

　だましたり、お金でつったりして、研究に協力させようとしてはいけません。そのように操ろうとすることは、

相手を研究の道具扱いすることであり、人間として尊重していないことになってしまいます。

　反対に、何でも相手の言いなりになってもいけません。それでは、自分が操られているわけで、自由な研究ができなくなってしまいます。

　お互いに自由であり続けることが大切なのです。

(3)強い意志で、最後までやりぬく

　資料を収集する段階は、まさに研究の核心部分です。もっとも手間と時間がかかり、しかもたいしておもしろくない単調な作業が延々と続きます。それで、ついついなまけて手を抜きたくなります。また、思うような資料が集まらないと、嫌になってやめたくなりますし、違うことをやったほうがいいのではないかという誘惑にかられます。なまけ心にも負けず、誘惑にも負けず、研究を最後までやりとげるには、強固な意志が必要なのです。

　ただし、意志が強固過ぎて、柔軟さを失ってもいけません。資料の集まり具合を見ながら、研究の方向性を修正することも時には必要になるからです。意志は弱すぎても強すぎてもいけないのです。

(4)正直に、結果を見せる

　資料を分析して結果を出す段階では、集まった資料から何がわかり、何がわからないのかを、ありのままに示さなければなりません。そこで、正直さが求められます。

　ある事実の存在を肯定する資料と、その事実の存在を

否定する資料とが、両方見つかったとしたら、どうすればいいでしょう?

そのときは、正直に、その事実が存在するかどうかはわからないと認めなければなりません。それなのに、一方の資料を隠して、その事実の存在を肯定したり、否定したりすれば、うそつきになってしまいます。

都合の悪い資料を隠したいというのは、ねつ造や改ざんとは違います。ないものをあるように見せかけているわけではないからです。

しかし、どんなに都合の悪い資料であっても、持っているなら正直に見せなければいけないのです。

(5)謙虚に、成果をまとめる

研究成果を発表する段階では、レポートや論文を書いて、自分がどのような研究をして何を明らかにしたのかを他人に見せることになります。

そこで求められるのは、謙虚さです。ここでは、2つの謙虚さが求められます。1つは出典を明らかにすること、もう1つは冷静に自己評価することです。

a. 出典を明らかにする

自分の研究は多くの他人の研究成果を利用して初めて成り立っており、自分の発見は決して自分だけのものではないのだと自覚し、自分の研究のどの部分が他人の研究成果に基づいているかを明示することが、出典を明らかにするということです。

この点については第3章「1. どこまでも誠実に書くために」で詳しく説明します。

b. 冷静に自己評価する

冷静に自己評価するとは、自分の出した成果の意義について、過大評価も過小評価もせずに、謙虚に反省するということです。

自慢しすぎてはいけませんが、へりくだりすぎてもいけません。謙虚すぎることは、研究にとってはマイナスなのです。

多くの人の考えとは違う結果が出たとしても、いいわけせずに、こういう結果が出ましたとハッキリ言うべきです。それを、もしかしたら違うかもしれないなどとあいまいにしてみせるのは、決して美徳ではありません。むしろ、不正直であり、臆病(おくびょう)すぎる態度です。

勇気を出して、正直に、何がどこまでできたのかを明らかにしましょう。

(6)全体をふりかえって、反省する

研究全体についてふりかえる段階では、研究を終えたあとに、できたこととできなかったことを見つめなおして、自分のしたことのどこにどのような問題があったのか、もしやりなおすとすればどこをどう改良すればいいのか、やり残したことは何なのかを考えます。

時には、どうしていいかわからず、途方に暮れることもあるでしょう。しかし、迷ってばかりもいられません

から、思いつく限り、新しい手を考え、勇気を出して、その1つを次に試してみることになります。

◆C インテグリティは、習慣づければ難しくない

まとめましょう。インテグリティを持って研究するとは、

- **勇気を出して**困難な問題にチャレンジし、
- 研究対象者や関係者を**人間**として**尊重**しつつ研究を進め、
- **強固な意志**をもって集められるだけの資料を集め、
- わかったことすべてを**正直**に示し、
- **謙虚**に成果を発表し、
- できたこととできなかったことをきちんと**反省**し、再び勇気を出して次への一歩を踏み出す

ということです。

大変だと思うかもしれませんが、決して難しいことではありません。習慣になってしまえば、自然にできることです。そして、インテグリティを持って研究せずにはいられなくなります。

ぜひチャレンジしてください。

第1章　研究をはじめる前に　◆　31

パワーアップ・レッスン1

批判的に考え、批判的に読む

A　批判的に考えるとは？

　このごろ日本でもクリティカル・シンキングが大事だと言われるようになりました。英語の critical thinking をそのままカタカナにしているわけですが、直訳すれば批判的な思考ということになります。

　難しそうに聞こえますが、ランダムハウス社のオンライン辞書 Dictionary.com によると、「しつけが行き届いており、明晰（めいせき）で、理性的で、偏見にとらわれないで、証拠に基づいている思考」(critical thinking n. d.)です。

　日本語で「しつけ」と言うと礼儀作法を身につけさせるといった感じがしますが、「しつけの行き届いた思考」とは、決して礼儀正しく考えることではなく、

① 明晰に考える
② 理性的に考える
③ 偏見にとらわれない
④ 証拠に基づいて考える

ということです。この4つが**批判的に考えるためのルール**です。

(1)明晰に考える

簡単に言えば「ハッキリさせろ」、「あいまいさを残すな」ということです。確かにわかっていることと、まだ十分にわかっていないこととを、明確に区別しなさいということです。

(2)理性的に考える

要するに「論理的に判断しろ」ということです。でも、どうすれば論理的に判断したと言えるのでしょうか？

それは、第1に判断の**理由**を述べられることです。「なぜ、そう判断したの？」と聞かれて、「〜だから」と答えられなければ、論理的とは言えません。

そして、第2に判断の理由に確かな根拠があることです。つまり、**理由が理由になる理由**があることです。

たとえば、あなたが消費税の値上げに反対すると判断したとします。「なぜ、そう判断したの？」と聞かれて、「なんとなく」では理由になりませんね？　「景気が悪くなるから」と言えれば、理由を述べたことになり、なるほど論理的だということになります。

しかし、さらに「なぜ、消費税を上げると景気が悪くなるの？」と問われたら、消費税を上げると景気が悪くなる理由を述べなければいけません。「消費者が買い控えをするからだ」と答えられれば、根拠を示しているので、なるほど論理的だということになります。

⑶ 偏見にとらわれない

これは、「何もあたりまえだと思うな」、「簡単に何も信じるな」ということです。何を聞いても、何を見ても、本当だろうかと疑って、本当かどうかを自分で確かめてみるまでは決して信じないという態度を貫くことが大切です。それは、自分がまちがっている可能性を常に考え、まちがっていることが確かめられたら、まちがいを潔く認め、考えを変えるということでもあります。

⑷ 証拠に基づいて考える

これは、「主張を裏付ける事実を示せ」ということです。

実際にドロボーが入ったかどうかを確かめるには、窓ガラスが割られていたかとか、部屋が荒らされていたかとか、紛失した物はないかとか、目撃者はいるかなどを調べなければなりません。さらには、犯人が逮捕され、犯人が部屋から紛失した物を持っていたといったことが確認される必要があります。これらがすべて確認されて初めて、ドロボーが入ったのは事実だったと言えることになります。

⑸ 批判的とは、実証的ということ

以上から、批判的に考えるとは、ただ頭で考えることではなく、いろいろな事実を集めながら、つまり実証的に研究しながら、事実に照らして考えることなのだとわかります。

それは、研究レポートを作成することそのものです！

B 批判的に読む習慣を身につけよう

批判的に読むとは、批判的に考えるためのルールを用いて本を読むことです。もちろん、本だけでなく、新聞や雑誌、インターネット上の記事を読むときも同じです。

批判的に考えるためのルールを読み方に当てはめると、

① 明晰に書かれているか
② 理性的に書かれているか
③ 偏見にとらわれないで書かれているか
④ 証拠に基づいて書かれているか

をチェックしながら読むということになります。

C 批判的に読む方法

(1)明晰に書かれているか？

これを確かめるには、3つの点をチェックしましょう。

1点目は**ハッキリと言い切っている**かどうか、2点目はきちんと**場合わけ**がなされているかどうか、そして最後に3点目は**定義**が明確で一貫しているかどうかです。

文章が「だ／である」か「ではない」で終わっていれば、ハッキリと言い切っています。「かもしれない」とか「ということもある」とか「ではないだろうか」とか

「とも言える」とか「と言えるのではないかと思われる」といったぼかし表現が文末に使われている場合は、ハッキリと言い切ってはいないので要注意です。

著者の主張は、あらゆる場合に当てはまるのか、限られた場合にしか当てはまらないのかが明確に述べられていなければ、そして限られた場合にしか当てはまらないなら、それはどこからどこまでの範囲なのかが明確に述べられていなければ、きちんとした場合わけができているとは言えません。一部にしか当てはまらない議論を、さもすべてに当てはまるように書いているとしたら、問題ですよね？

定義が明確で一貫しているかどうかは、とても重要なポイントです。著者が頻繁に使うキーワードがハッキリと定義されているかどうか、議論の途中で定義がブレていないかどうか、シッカリ見きわめてください。

⑵ 理性的に、偏見にとらわれず、証拠に基づいて書かれているか？

これを確かめるには、次のような方法が使えます。

まず、あなたが読んでいる本や論文の**著者の主張を否定**します。著者が「〜である」と書いている文章を「〜ではない」に変えてみます。著者が「〜ではない」と書いているところは「〜である」に変えます。

たとえば、「震災遺構は保存すべきだ」という主張を読んだとしましょう。そうしたら、「震災遺構は保存すべきでない」という反対の主張を考えます。

そうしたら、**著者の主張を支持する理由**を書き出します。著者が「〜である」(あるいは「〜ではない」)と書いている部分を支持する理由として著者が挙げているものを、すべてリストアップして並べます。

たとえば、「震災遺構は保存すべきだ」と主張する著者が「記憶の風化を防げるから」、「遺構を見ることで防災意識を高めることができるから」と書いていたら、それらが著者の主張を支持する理由になります。

次に、**著者と反対の主張を支持する理由**を、自分で思いつく限りリストアップして並べてみます。

たとえば「震災遺構は保存すべきではない」という主張の理由としては、「遺族にとってつらい」とか「復興のさまたげになる」とか「維持費がかかる」といった理由が考えられます。

著者の主張を支持する理由のリストと、自分で考えた著者と反対の主張を支持する理由のリストができたら、両方を見比べるのです。どちらに説得力がありますか?

	〈著者の主張〉 保存すべき	〈反対の主張〉 保存すべき<u>でない</u>
理由	記憶の風化を防ぐ 防災意識を高める (さらに探す!)	遺族にはつらい 復興のさまたげに (さらに探す!)

ここで終わってはいけません。次に、著者の主張を支

持する理由と、著者と反対の主張を支持する理由が、**偏見ではないかどうかチェックする**ことが必要です。

　具体的な根拠を示さずに、あたりまえだと決めつけているものはありませんか？　もしあれば、それは偏見かもしれません。だとしたら、それは理由にならない理由ですから、リストから削除しなければいけませんね。

　震災遺構は、本当に記憶の風化を防ぐのでしょうか？　維持費がかかるのは悪いことなのでしょうか？

　最後に、著者の主張を支持する理由と、著者と反対の主張を支持する理由とが、**十分な証拠に基づいているか**をチェックします。ここで大切なのは、証拠が十分かどうかを調べるには、実際に自分で様々な文献や資料に当たらなければいけないということです。

　記憶の風化を実際に防いでいる震災遺構は、世界のどこかにあるでしょうか？　たとえば、雲仙普賢岳の噴火被害を伝えるために作られた雲仙岳災害記念館は、記憶の風化防止に役立っているのでしょうか（雲仙岳災害記念館 2011）？　維持費がかさんで大変だったという事例は実際にあるのでしょうか？　雲仙岳災害記念館の維持費はどれくらいでしょう？　こうしたことを確かめるには、自分で調べる必要があります。

　したがって、本や論文を「批判的に読む」には、読んで考えるだけではダメなのです。関連する本や論文を山のように積んだりして、調べまくる必要があるのです。

　批判的に読むという習慣は、研究には欠かせないものです。何を読む時でも、書いてあることが「本当にそう

なのか？」と疑い、そして疑いが晴らせるかどうか自分で調べましょう。もちろん、この本を読む時も！

> **研究の基礎技術 1**
>
> 批判的に読むために
> ・肯定文は否定文に、否定文は肯定文に書き換える。
> ・肯定する理由と否定する理由を思いつく限り書き出してみる。思いつかなければ、探す！
> ・それぞれの理由を支える証拠を並べて比べる。証拠がなければ、探す！

第2章
研究を進める

この章のポイント

◆ **何を研究すればいいかが見つけられるようになる**
- 新聞を眺めて小さなトピックを見つける
- 新書を読んで大きなテーマを見つける
- Google ドライブを使う

◆ **答えの出せる問いの立て方を身につける**
- イエスかノーで答えられる問いを立てる
- 事実に基づいて答えられる問いを選ぶ
- たくさん資料が見つかりそうな問いを選ぶ

◆ **資料の探し方を身につける**
- Google Scholar を使いこなす
- 図書館を使いこなす
- 書誌情報を集めてリストをつくる

◆ **データを集めて事実を語らせる方法を身につける**
- 質的データと量的データを集める
- 質的データに事実の性質を語らせる
- 量的データに事実の傾向を語らせる

★ **大学教員を訪ねてアドバイスをもらえるようになる**

1 研究の流れ

　それでは、いよいよ研究をはじめましょう。最初に、どのように研究を進めればいいかを簡単に説明します。次ページの図1を見てください。

　初めに何を研究するかを決めるわけですが、そのために2つすることがあります。

　1つは、何を調べればいいかを決めることです。そのために新聞の縮刷版を使い、調べがいのありそうな**小さなトピック**(事件やできごと)を探します。そのやり方を「2. 小さなトピックを見つける」で説明します。

　もう1つは、小さなトピックを調べることで、どんな**大きなテーマ**(広く社会にとって意味のある問題)について考えることができるかを、新書を読んで見つけることです。そのやり方を「3. 大きなテーマを見つける」で説明します。

　次に、小さなトピックと大きなテーマを組み合わせて、**イエスかノーで答えられる形の問い**を立てます。なぜそうするのか、どうすればそれができるのかについては、「4. 問いを立て、答えを見とおす」で説明します。

　問いを立てたら、いよいよ答えを出すために必要な**資料**を探しに、インターネットで検索したり、図書館へ行ったりすることになります。そのやり方を「5. 事実が書かれた資料を探す」で説明します。

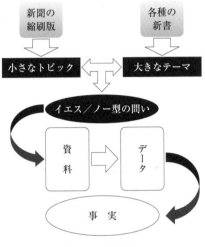

図1 研究の流れ
（出所）筆者作成

　資料が集まってきたら、そこから答えを出すために必要なデータを抜き出すという作業が始まります。データとは何か、どうやってデータを抜き出し、どのように整理していくかを、「6. 資料のなかからデータを集める」で詳しく説明します。

　最後に、集まったデータを組み合わせて事実を明らかにすることになります。その方法を、「7. データに事実を語らせる」で説明します。

　以上が研究の流れです。

2 小さなトピックを見つける

A 「知らない」ことを探しにいく

　前章で述べたように、研究とは「知られていない」事柄について調べることです。したがって、まず自分が「知らないこと」を見つけなければなりません。しかし、頭の中をいくら探しても、「知らないこと」は見つかりません。知らないということは頭の中にはないということなのですから！

　では、どこでどうやって「知らないこと」を見つければいいのでしょう？

　最初に行くべき場所は、図書館の新聞の縮刷版コーナーです。**縮刷版**とは、毎月の新聞を縮小印刷し、1冊に束ねたものです。県立図書館や市立図書館、大学図書館など、大きな図書館で読むことができます。

(1)新聞には事実がのっている

　新聞は、様々な**事実のパッケージ**です。それも、記者たちが、人々に伝える価値があると思って取材し、編集者たちが載せる価値があると判断した事件やできごとのパッケージなのです。見出しの大きさや記事の長さは、その事件やできごとが重要だという新聞社の判断を示します。小さい見出しの短い記事でも、それは知る価値のある事件やできごとだと新聞社が判断したからこそ掲載

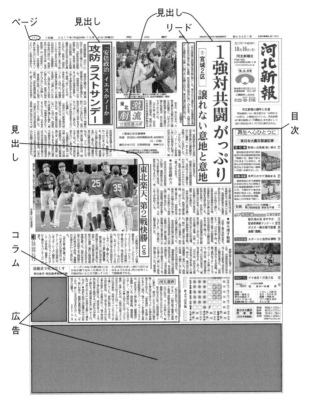

図2　新聞の紙面
（出所）河北新報社提供

されているわけです。そして、新聞は、それらの事件やできごとに関して「いつ(when)、どこで(where)、だれが(who)、何を(what)、なぜ(why)、どのように(how)」(5W1H)という情報を伝えてくれます。

第 2 章　研究を進める　◆　45

(2)見出しをみつけ、記事内容をつかむ

　左の図 2 は、宮城県の地方紙『河北新報』2017 年 10月 16 日の朝刊 1 面の写真です。パッと見ると、河北新報という題号の下の欄に、縦長の目次があり、その日の主な記事が紹介されているのがわかります。そして、見出しのセットが 3 つ目に入ってきます。ということは、この日の 1 面の記事は 3 つです。どれも事実を報じています。

　最も大きな見出しが「激流東北劇 '17 衆院選・ルポ 1 強対共闘がっぷり ①宮城 2 区 譲れない意地と意地」というものです。その左どなりに内容を要約したリードがついています。この記事は、衆議院選挙に関する事実を伝えるものです。①という番号がついていることから、続き物の特集であることがわかります。

　次に目につくのは、「「安倍政治」イエスかノーか　攻防ラストサンデー」という見出しのセットです。こういう短い記事にはリードはありませんが、記事の最初の段落が全体のまとめになっています。この記事は、各党党首の動向に関する事実を報じるものです。

　最後に、「東北楽天、第 2 戦快勝 CS」という見出しがあります。この記事も事実の報道ですが、「快勝」というのは勝ち方についての評価ですから、記者あるいは編集者の意見になります。

　1 面の下部にある「河北春秋」は毎日掲載されるコラムです。新聞のコラムとしては、『朝日新聞』の「天声人語」が有名ですが、すべての全国紙・地方紙が 1 面に

コラムを載せています。コラムは、何らかのできごとについて執筆者の意見を伝えるもので、記事とは違います。

　新聞を読むときは、まず見出しを眺めます。見出しは記事の最も短い要約ですから、これだけで内容がだいたいわかります。もう少し内容を知りたければ、リードがあればリードを、なければ最初の段落を読みます。記事の全文を読むのは、報じられた事実について本当に詳しく知りたいときだけです。

　もちろん、新聞の記事だから事実だと簡単に信じてはいけません。新聞も批判的に読まなければならないのです。新聞が事実として伝える事柄が「実際にあった事柄としてだれもが認めなければならないこと」なのかどうかは、慎重に確認しなければなりません。

　しかし、新聞は、ジャーナリズムのルールに従って、事実と認めてよいと記者と編集者が判断した事柄のなかから、人々に伝える価値があると認められるものを選んで記事にしています。ですから、自分がまだ知らないけれども調べる価値がありそうな事実、より正確にはそのような事実の候補を集めるには、新聞は最適のメディアなのです。

(3) 縮刷版を眺める

　そこで、図書館へ行って、どの新聞社のものでも、何年のものでもいいですから、1年分の縮刷版12冊を閲覧用の机の上に並べ、1月1日から12月31日まで、すべてのページのすべての記事見出しを眺めていきます

（図3）。

そんな大変そうなことできるわけない？　まあ、そう言わずに、もう少し私の説明を読んでください。

そもそも、そんな面倒くさいことをしなくても、適当にウェブ検索すればいい

図3　新聞の縮刷版1年分を並べ、1月分を開く
（出所）東北大学附属図書館にて筆者撮影

んじゃない？　図書館のホームページを見たら、新聞記事のデータベースも使えるようだから、最初からデータベースで検索するほうが効率的なんじゃない？　そう思うかもしれません。

しかし、「知らないこと」を、どうやって検索すればいいのでしょう？

キーワードを知らなければ検索は不可能です。ところが「知らないこと」を見つけるためのキーワードはありません。「知らないこと」は検索しようがないのです！

そこで、新聞を1年分、最初から最後まで眺めるのです。効率は最悪です。しかし、「知らないこと」はどこにあるかもわからないのですから、すみからすみまで探すしかありません。

見出しを読んで、何に関する記事かわかれば、それは既に「知っていること」ですから飛ばします。ときどき、

まったく見たことも聞いたこともない単語を目にすることがありますよね。インティファーダ？　年越し派遣村？　バーゼル条約？　地域団体商標制度？

　生まれてはじめて目にする単語が見出しに含まれていたら、その記事には「知らないこと」が書いてある可能性がありますから、リードか最初の段落を読んでみましょう。この段階では記事全文は読みません。

　最初のほうを少しだけ読んでみて、もう「知っていること」だとわかれば飛ばします。あまりよく知らないけれど何のことかは想像できるという記事も、どんどん飛ばしてください。

　少し読んだだけでは、何のことやらチンプンカンプン、本当に全然わからないというときは、それはまだ「知らないこと」なわけですから、見出し、リード、新聞名と年月日とページをメモしておきましょう。記事メモは、パソコンやスマホ、タブレットを使ってつくります。やり方は、すぐあとに説明します。

　くり返しますが、ちょっとでも記事の内容が想像できたら、おもいきって飛ばします。何が起きているのかわからないようなできごと、どうにもふしぎな事件を探してください。

　1つの記事のメモの基本形は、次のとおりです。

　　　見出し
　　　リード（または最初の段落）
　　　　　　　　　　　　　　（新聞名　年月日　ページ）

実際にやってみると、時間がかかって大変だし、作業が単調で飽きてくることでしょう。しかし、そこでくじけず、少しだけがんばってみてください。「知らないこと」ばかりで全部メモするのは無理だと思ったら、1ページにつき1つは、見たことのない単語が多く見出しに含まれている記事をメモすると決めましょう。

> **研究の基礎技術 2**
> 「知らないこと」を見つけるには、図書館にいき、新聞の縮刷版を1年分まとめて眺める。

B　記事メモをGoogleドライブにためていく

　記事メモは、Googleドライブに作った文書ファイルにためていきます。
　Googleドライブ（図4）とは、Googleが提供する無料のクラウドサービスで、インターネット上の記憶装置として使えるものです。パソコンのブラウザ、タブレットの専用アプリからアクセスできます。
　Googleドライブでは、**Googleドキュメント**という文書ファイル、**Googleスプレッドシート**という表計算ファイル、**Googleスライド**というプレゼンテーションファイルを作成することができます。記事メモはGoogleドキュメントで作成します。文章を書き込むだけでなく、画像をはりつけることもできます。

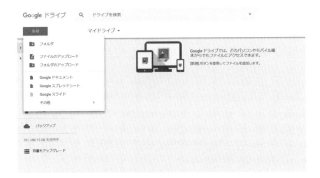

図4　Google ドライブの新規作成画面（一部）
（出所）筆者作成

　Google ドライブを使うには、Google アカウントを作成しておかなければいけません。Android のスマホを使っている人なら、スマホを使いはじめた時点でGoogle アカウントを作成しています。G メールを使っているなら、あなたは Google アカウントを持っています。まだアカウントを持っていなければ、Google のウェブサイトでアカウントを作成します。

　ここまで読んで、何のことやらわからないときは、コンピュータやインターネットに詳しい人に助けを求めましょう。きっと身近にいるはずです。

　図書館には、ノートパソコンやタブレット、スマホを持ち込むことができます。どれか自分が使いやすいものを持ち込んで、Google ドライブを開きます。新規作成でGoogle ドキュメントを選択すると、図5のような画

第 2 章 研究を進める ◆ 51

図 5　Google ドキュメントで文書ファイルを作成
(出所) 筆者作成

面になりますから、「無題のドキュメント」という部分を消去して、「研究トピック候補」と書きこみ、新しい文書ファイルを作成して、記事メモを書き込んでいきます。

　Google ドライブを使う利点は、タブレット、スマホのアプリが、クラウド上のドライブと同期され、最新の状態に保たれるということです。たとえば、図書館でスマホを使って「研究トピック候補」ファイルを作ると、それがスマホのメモリだけでなくクラウド上にも保存されます。家にかえって、パソコンを開くと、クラウド上に保存されたファイルに、パソコンのブラウザからアクセスできます。図書館でスマホを使って作成したファイルが、家のパソコン上で見られるわけです。パソコン上でそのファイルを編集すると、クラウド上のファイルも上書きされます。次にスマホで開くと、クラウド上にコ

ピーされた編集済みのファイルが自動的にダウンロードされます。どのデバイス上でも、常に最新のファイルが見られるわけです。

　Googleドライブを使う利点は、もう1つあります。それは、クラウド上にファイルが保存されているので、もし自分のパソコンやスマホが壊れても、ファイルまで失わずにすむということです。いちいちバックアップを取らなくてもいいわけです。

　また、学校や図書館の備えつけパソコンからでも、インターネットにアクセスすることさえできれば、自分のGoogleドライブを使うことができます。備えつけパソコンのブラウザを使ってGoogleのサイトにアクセスし、自分のアカウントにログインすればいいのです。家族や友だちのスマホを借りても、自分のアカウントにログインしなおせば、自分のGoogleドライブが使えます。

　こんな便利な道具を使わない手はありません。ぜひ、使い方を覚えてください。

研究の基礎技術3

Googleアカウントを作成し、自分のGoogleドライブに作ったGoogleドキュメントの「研究トピック候補」ファイルに「知らないこと」のメモをためていく。

C　くりかえし記事になっているものに注目する

　新聞の縮刷版を眺め続けていくと、「知らないこと」のリストができあがっていきます。

　やがて、「知らないこと」のリストに書きこんだ事柄に関する記事に再び出会うことがあるでしょう。何かの事件であれば、その展開を追う記事がくりかえし掲載されるからです。重大な事件であれば、特集が組まれることもあります。逆に言うと、くりかえし報道される事柄は社会的に重要なものである可能性が高いのです。それで、繰り返し記事になっているできごとや事件に注目するのです。

　「知らないこと」がたまってきたら、だんだんに続報を探すことに重点を移していきます。もちろん、新しい「知らないこと」探しも続けますが、続報探しに重点を移すことで、紙面を眺めるスピードが上がるはずです。

(1)同じできごとや事件に関する記事をまとめる

　「知らないこと」リストにメモした項目が再び記事になっていたら、最初の記事のメモの下に、2度目の記事の見出し、リード(または本文の最初の数行)、日付とページを書き加えます。3度目の記事を見つけたら、2度目の記事のメモの下に、また見出し、リード(または本文の最初の数行)、日付とページを書き加えます。

　あなたが2009年の朝日新聞の縮刷版(図3)を読んでいるとしましょう。あなたの「研究トピック候補」ファ

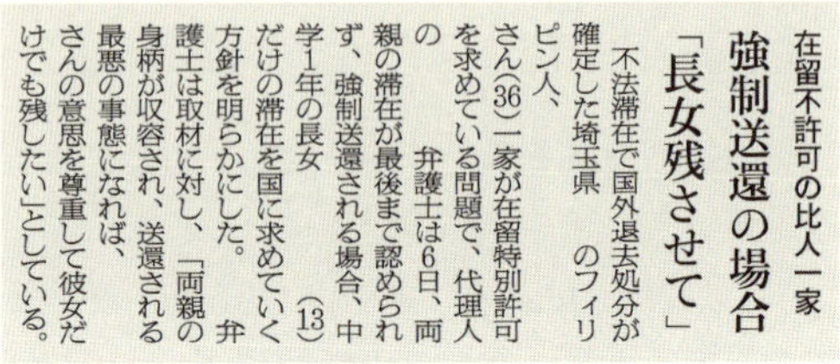

> 在留不許可の比人一家
> **強制送還の場合「長女残させて」**
> 不法滞在で国外退去処分が確定した埼玉県○○市のフィリピン人、○○○○さん(36)一家が在留特別許可を求めている問題で、代理人の弁護士は6日、両親の滞在が最後まで認められず、強制送還される場合、中学1年の長女○○さん(13)だけの滞在を国に求めていく方針を明らかにした。弁護士は取材に対し、「両親の身柄が収容され、送還される最悪の事態になれば、○○さんの意思を尊重して彼女だけでも残したい」としている。

図6　2009年3月7日の紙面
（出所）朝日新聞社提供
（注）プライバシー保護のため固有名は削除

イルには、3月分を読みはじめるころには、既にいろんなメモが書き込まれていることでしょう。

3月7日の朝刊をパラパラ眺めていると、38ページにある小さな記事（図6）が目にとまります（朝日新聞2009a）。

強制送還も在留不許可も「知らないこと」だったので、とにかくメモしておきます。なぜ「長女残させて」なのか、気になりますね。

> 在留不許可の比人一家　強制送還の場合「長女残させて」
> 　不法滞在で国外退去処分が確定した埼玉県蕨市のフィリピン人　　一家が在留特別許可を求めている問題
> 　　　　　　　　　（朝日新聞2009年3月7日 p.38）

3月10日朝刊の39ページには、写真入りの大きな記

図7　2009年3月10日の紙面
（出所）朝日新聞社提供
（注）プライバシー保護のため固有名は削除

事（図7）が見つかります（朝日新聞 2009b）。

　　　法の公平か人権か　　　さん一家　長女のみ在留

検討へ　偽造旅券で入国両親は免責せず
　　　不法滞在で国外退去処分が確定したフィリピン
　　人一家が改めて在留特別許可を求めていた問題
　　で、東京入国管理局は9日(以下略)
　　　　　　　　　　　(2009年3月10日 p.39)

3月7日の記事の続報ですから、その記事メモのすぐ下に書きこみます。

　3月11日の朝刊では、1面のコラム「天声人語」がこの問題を取り上げています(朝日新聞2009c)。コラムは、既に述べたように執筆者個人の意見であり、どちらかというと軽い見解の表明です。

　3月12日の朝刊では、社説がこの問題を論じています(朝日新聞2009d)。社説は新聞社の意見です。執筆者個人ではなく朝日新聞社としての考えが述べられています。ということは、朝日新聞はこのフィリピン人一家の事件を重要な問題だと見なしていることになります。

　どちらも、3月7日と10日のメモのすぐ下にメモしましょう。

(2)記事3つ以上のできごとや事件にタイトルをつける

　これくらい記事がたまってきたら、最初の記事の上に「●フィリピン人一家の強制送還問題」のようなタイトルをつけておきましょう。こうすることで、タイトルの下に、記事メモのまとまりができていきます。

写メを撮ってはりつければ簡単じゃない？　そう思うかもしれませんが、それではダメなのです。なぜならば、カシャッと撮影しただけでは、すぐに何の記事だったか忘れてしまうからです。

　実際に見出しとリードを書き写すという手作業をすることで、内容が少しは記憶として残ります。少しでも頭に入っていると、次に同じことに関する記事に出会ったときに、「あれ？」と気づくことができます。「もしかして、前にも似たような記事が？」と気づいたら、文書ファイルを見直せば、本当に似たような記事があったかどうか確かめられます。文書ファイルに書き込むからこそ、記事を探しながら、同時に整理してまとめていくことができるのです。

　さらに新聞を読み続け、「知らないこと」のリストがどんどん長くなってくると、タイトルごとにメモした記事の数が多いものと少ないものという差が出てきます。

　このフィリピン人一家についての記事は4月にも6月にも見つかります（朝日新聞2009e、2009f；松井2009）。どんどん増えていくわけです。

　一方で、続報のない単発記事もたまっていきます。

(3)記事の多いタイトル順にメモを並べかえる

　1年分の縮刷版を眺め終えたら、「研究トピック候補」ファイルの上でメモした記事の数が多い順に、タイトルと記事のまとまりを並べかえます。文書ファイル上ですから、カット＆ペーストは簡単にできますね。

こうすることで、あなたが「知らないこと」のなかで、社会にとって重要な問題だったことが、記事の多い順に並ぶことになります。記事が多いということは、既に述べたように新聞の注目度が高かったということであり、注目度が高いということは重要性も大きいということですから、知らないけれども大事なことのリストを作ることができたわけです。おまけに、大事さの順に並べることもできました。

重くて厚い縮刷版を12冊並べると、紙面を全部眺めるなんて無理じゃないかと思うことでしょう。確かに簡単ではありません。しかし、できないことではありません。私の教える学生たちは、なんとかやっています。

ちょっと大変だけど、やればできることをやりはじめる勇気を持ってください。研究のはじめには、勇気を出さなければいけないのです。思い切って、1月の縮刷版を開き、1日の紙面を1面から順に眺めていきましょう。そして、その紙面のなかで自分が一番わからないことが書いてある記事を選んでメモしましょう。

やっていくうちに慣れてきて、段々手際よく見出しをパッパッパッと眺められるようになり、作業は次第にスピードアップしていきます。

(4)研究する価値のあるトピックが見つかった！

1年分の縮刷版を眺めて記事をメモした結果、「研究トピック候補」ファイルの上のほうに、その年に世間の注目を浴びた大きなできごとや事件がならびました。

このなかから、研究トピックを選ぶことになります。なぜなら、そうすることで、あなたに新しい出会いが訪れるからです。知らないことを調べることで、あなたの視野は大いに広がり、今まで興味もなかったことに興味を持つことができるようになります。

　遊園地に行ったら、乗ったことのある乗り物と乗ったことのない乗り物のどちらを選びますか？　乗ったことのないほうに乗りたいと思いますよね？「知らない」から、乗りたくなるのですよね？

　研究も同じです。まったく「知らないこと」を研究することこそが、新しい楽しみを与えてくれるのです。

　ですから、「研究トピック候補」ファイルの上のほうに並んだタイトルが、たとえつまらなそうに見えたとしても、あえてチャレンジしてください。

　「知らないこと」を「知る」努力をすることで、きっと「新しい興味」を見つけることができるでしょう。だまされたと思って、やってみてください。

D　小さなトピック候補を選ぶ

　「研究トピック候補」ファイルの上のほうに並んだ記事の多いできごとのなかから研究することを選ぶわけですが、その際、もう1つ大切なことがあります。

　それは、**小さなトピックを選ぶ**ということです。小さなトピックとは、限られた期間で十分な資料を集めることができるサイズの具体的なできごとや事件を指します。

高校生や大学生の研究レポートは、1学期で作成しなければならないことが多いでしょう。小中学校の自由研究であれば、夏休み中に作成しなければなりません。大学の1学期は、セメスター制であれば15週、およそ4カ月です。高校の1学期は、2学期制か3学期制かで若干違いますが、3～4カ月でしょう。小中学校の夏休みは1カ月しかありません。いずれにせよ、短い期間で十分な資料を集め、レポートを書き上げなければなりません。

　大学の卒業論文になると、半年から1年かけて作成するのが普通でしょう。高校のクラブ活動でも、それくらいの時間をかけて研究を行うことがあるでしょう。それでも、限られた時間で結果を出さなければならないことに変わりはありません。

　それで、与えられた時間内に十分資料が集められそうなできごとや事件を対象として、研究計画を立てる必要があります。このようなできごとや事件を、この本では小さなトピックと呼ぶことにします。

　十分資料が集められそうかどうかは、実際に資料を探してみないとわかりません。探してみたら、さっぱり資料がないということもあります。資料はあるが、手に入れるのが難しいこともあります。それでは、期限内に研究レポートを完成させることはできませんから、念のため小さなトピックは2～3個選んでおく必要があります。

　そして、選んだ2～3個について、実際に資料を探してみて、一番多くの資料が手に入れることができるもの

を、研究トピックに選びます。

> **研究の基礎技術 4**
> 「知らないこと」のリストから限られた期間で研究できる小さなトピックを見つける。

3 大きなテーマを見つける

A 新聞記事から大きなテーマの候補を探す

　小さなトピックの候補を2〜3個選んだら、それぞれについて、集めた記事を丹念に読み、どのようなできごとがそこから浮かび上がってくるのかまとめてみましょう。大切なのは、「いつ、どこで、だれが、何を、なぜ、どのように」(5W1H)をしっかり把握することです。

　例として、火災の報道について考えてみましょう。最初の記事では、何月何日何時何分頃、何市何町何丁目で、一戸建ての住宅が全焼し、身元不明の焼死体が2体発見されたが、出火の原因は不明であると報じられたとしましょう。この記事からは、「いつ、どこ、何」についての情報は得られますが、まだ「だれ、なぜ、どのように」はわかりません。次の記事で、焼死したのはその家に住む老夫婦のだれそれだと判明したと報じられれば、「だれ」についての情報が得られます。そして、第3の記事で、1階の居間の石油ストーブが焼け焦げていたことから、何らかの原因でストーブが失火し、2階で寝ていた老夫婦は逃げ遅れて焼死したものと推定されると報じられれば、「なぜ、どのように」についての情報が得られます。こうして記事をつなぎ合わせて、5W1Hを明らかにできれば、1軒の住宅での火災というできごとについて、その全体像を具体的に明らかにすることがで

きます。
　しかし、まだ問題が残っています。失火の原因は何でしょうか？　それは、老夫婦の火の不始末でしょうか？　それとも、ストーブの構造的な欠陥でしょうか？　さらに続報を調べ、警察と消防は火の不始末が原因だと断定したとわかれば、この火災は単発的な事故だと推測できます。しかし、続報を探した結果、同じメーカーの石油ストーブが火元となった火災が複数起きていることが判明したら、どうでしょうか？　一連の火災に共通する問題がありそうだということにならないでしょうか？　そうなると、○○社製の石油ストーブについて、さらに記事探しをする価値が出てきます。
　○○社の石油ストーブについての続報を追い続けた結果、同社の××型ストーブのタンクには構造的な欠陥があり、失火につながる危険があることが実験で確かめられたという記事に出会ったとしましょう。その記事は、○○社は欠陥に気づいていたにもかかわらず、公表をためらっている間に、何件もの火災が発生したということを報じ、「企業の製造物責任が問われる」と結ばれていたとします。製造物責任とは何でしょう？　製造物責任という言葉を聞いたことがなければ、いつものように辞書を引きます。『新明解国語辞典』の説明は次のとおりです。

　　製品（製造物）の欠陥によって、消費者が生命・身体・財産に損害を受けたとき、製造業者などに賠償

する責任を負わせること。一九六〇年代に米国で制度化され、日本でも、一九九四(平成六)年、製造物責任法として制定。PL法。(山田他 2012: 814)

製造物責任とは、法律ができるほど大きな問題のようですね。すると、製造物責任は、石油ストーブだけでなく、あらゆる製品に関係する問題だということになります。

このように、1つの小さなトピックだけでなく、他の様々なトピックにも関係し、社会全体にとって大事そうな問題を、この本では大きなテーマと呼ぶことにします。

石油ストーブ火災という小さなトピックを詳しく調べることを通して、製造物責任という大きなテーマについて考えることができるとしたら、おもしろい研究レポートがつくれそうだと思いませんか？

なぜなら、そのレポートのなかで製造物責任について考えた結果は、他の様々な製品の欠陥が引き起こした事故や事件について考える際にも参考になるからです。

つまり、あなたの研究が多くの人にとって意味のあるものになるために、研究レポートでは、大きなテーマを取りあげることが大切なのです。

小さなトピックの候補を2～3個選んだら、それぞれがどのような大きなテーマに関係しているか、記事の文章のなかから、製造物責任のようなキーワードを探し、そのキーワードが本当に大きなテーマとして扱えるかどうか、まずは国語辞書で調べてみましょう。そうして、大きなテーマの候補を見つけてください。

> **研究の基礎技術 5**
>
> 小さなトピックを見つけたら、そのトピックだけでなく他のトピックにもかかわり、社会全体にとって大事な**大きなテーマ**に結びつける。

B 新書を読んで、大きなテーマについて学ぶ

　上の例では、製造物責任とは、欠陥製品をつくった企業の損害賠償責任であることはわかりましたが、国語辞書を引いただけでは不十分です。それ以上詳しいことはもっと勉強しないとわかりませんね。

　そこで、手っ取り早く勉強する方法があります。製造物責任法について書かれた**新書**を見つけて読むのです。ここで、アマゾンなどのインターネット書店で検索しようとはしないでください！　パソコンやスマホから離れて、大きな書店か大学図書館に行きましょう。書店や図書館でも、検索用のパソコンが置いてありますが、絶対に検索してはいけません！　なぜかは、読み進めていくうちにわかるはずです。

(1)新書の並んだ棚を、はしからはしまで眺めて歩く

　まず、図書館や書店の新書コーナーに行ってください。そして、新書の並んだ棚を、はしからはしまで、1段ずつ、ゆっくり眺め、そこに並んでいるすべての新書の背

表紙のタイトルを読んでいきます。さらに、これは全く関係ないだろうとわかるもの以外は、すべて手に取り、目次を読んでいきます。なぜなら、製造物責任という言葉がタイトルになくても、目次には出てくるかもしれないからです。もっと大事なのは、目次を読んでいると、今まで知らなかったが製造物責任に関係ありそうなキーワードに出会うチャンスがあるということです。

　たとえば、棚を眺めているうちに、『企業コンプライアンス』（後藤 2006）という本に出会うでしょう。コンプライアンスって何だかわからないけれど、企業ってタイトルに入っているし、もしかしたら製造物責任に関係しているかもしれないから、とりあえず目次を開いてみましょう。すると、「第1部　企業不祥事の実例──コンプライアンスとリスク管理不在の末に」という文字が目に飛び込んできます。欠陥ストーブで火災を出すとは企業不祥事ではないですか？　章題を眺めていくと「第5章　松下電器石油温風機死亡事故・パロマ瞬間湯沸かし器死亡事故」とあります。おお、欠陥ストーブ事故の実例がここに！　これは、ぜひ読んでみなければ！

　こういう出会いは、検索では決してありえません。この本のタイトルには、製造物責任という言葉が使われていないのですから、製造物責任で検索しても見つけられません。しかし、この本が取り上げている企業不祥事のなかには、製造物責任にかかわりそうな実例がたくさんあります。そして、それらはコンプライアンスという問題にもかかわるようです。コンプライアンスとは何でし

ょうか？ それは大きなテーマを探すキーワードになるでしょうか？ さあ、辞書を引きましょう。それから、また新書を探しましょう。

さらに新書の棚を眺めていくと、『PL法新時代——製造物責任の日米比較』(林田 1995)にも出会うでしょう。これは、タイトルに製造物責任が含まれていますし、出版年が1995年ということは、日本で製造物責任法が制定された翌年に出ているわけですから、法律制定前後の事情を知るには良さそうです。『PL法があなたを守る』(高橋 2000)にも出会うでしょう。この2冊を読めば、製造物責任について入門的な知識が得られそうですね。

このように新書の棚を眺めて歩くことで、記事探しで見つけていた大きなテーマの候補について役に立ちそうな入門書を手に入れることができただけでなく、大きなテーマの候補をもう1つ見つけることができました。

(2) ブックマークをつけながら読む

新書を読む際には、新しく知ったことにブックマーク(目印)をつけていきます。自分で買った本なら、重要な部分に線を引き、その要点を余白に書いておきます。図書館から借りた場合は、本を汚すわけにはいきませんから、Post-it などの付箋を重要な部分の余白にはります。

付箋は材質も大きさも様々ありますから、用途に応じて使い分けましょう。目印をつけるだけなら、一番小さなサイズの紙やプラスチック素材のものがいいでしょう。本に直接書き込む代わりに付箋に要点メモを書こうとす

るなら、少し大きめの紙の付箋がいいでしょう。ただし、新書にはるわけですし、持ち歩いているうちにはがれ落ちても困りますから、あまり大きなものは使えません。試行錯誤して、自分に合った使い方を見つけてください。

> **研究の基礎技術6**
> 図書館や書店で、新書の並んだ棚を眺め、すべてのタイトルを読む。できれば目次にも目を通し、**大きなテーマに関する新書を見つける。**

C Googleドライブに大きなテーマ候補をためていく

大きなテーマについて新書を読みはじめたら、Googleドライブに「研究テーマ候補」ファイルを作り、小さなトピックごとに、新書を読んで見つけた大きなテーマの候補を並べていきましょう。小さなトピックを示すタイトルを書き、その下に、製造物責任とかコンプライアンスとか、大きなテーマ候補を書き込んでいきます。

(1)新書の記述を要約する

読んだ新書のなかから、それぞれの大きなテーマ候補ごとに、新書の説明の要約を書き出しておきます。どの部分の要約かあとでわかるよう、必ず**出所**すなわち「**著者名、出版年、ページ(何ページから何ページまで)**」を

メモしておきましょう。

要約は、抜き書きではなく、**自分の言葉**で言い直したもののほうがいいでしょう。自分の言葉で言い直せるというのは、内容を理解できた証拠です。自分の言葉にできなければ、まだよくわかっていないということですから、自分の言葉にできるようになるまで、何度も読み返してみましょう。それでもわからなければ、さらに別の新書を読んでみる必要がありそうですね。

だれか友だちにつきあってもらい、「〇〇って知ってる？」「知らない。何それ？」「要するに××だよ。」という会話をするといいですよ。あなたの言い換えに友だちが納得してくれれば、自分の理解に自信が持てるようになります。

たとえば、こんな具合です。

「グローバリゼーションって知ってる？」
「聞いたことはあるけど、よくわからない。何なの？」
「要するに、マクドナルドだよ。アメリカのハンバーガーが、世界中に広がったでしょ。」
「なるほど。限られた場所にあったものが世界中に広がることをグローバリゼーションと言うんだね。」

あなたの新書のグローバリゼーションに関する説明のうえには、「マクドナルド！」と書かれた付箋がはってあります。友だちに通じたので〇で囲っておきましょう

か。

(2)新書の記述の要約のメモしていく

「研究テーマ候補」ファイルに要約のメモを書きこむ際には、単に「マクドナルド！」と書くだけでは、あとで見返した時に何のことかわからなくなりそうですから、次のようにします。

> **グローバリゼーション**－限られた場所にしか存在しなかった物や風俗習慣、制度や組織などが世界的な規模に広がること(的場 2015：16)。たとえば、*マクドナルド！*

大きなテーマの候補はボールド(**太字**)で書き、－(ダッシュ記号)のあとに、その説明を書きます。(　)の中には、読んだ新書の**著者名、出版年**、そして**要約のもとになったページ**を書いておきます。いつでも戻って読み返せるようにメモするわけです。次章で詳しく説明しますが、研究レポートでは**出典を明記**することが求められます。**ハーバード方式**を使うので、(　)には著者名、出版年、ページだけを入れ、書名や出版社などの**書誌情報**は別ファイルの文献リストに書いておきます。文献リストの作り方はあとで説明します。

上の例では、－から(　)の前までの部分が、この新書の 16 ページにあった記述を自分なりに言い換えたものになります。(　)のあとに*イタリック(**斜体字**)*で書いた

のは、自分独自の考えです。的場さんの説明を読んで、自分で「たとえば、マクドナルドか」と思ったら、そう書きます。ただし、自分の思いつきだということを明確にするために、イタリックにします。

D なぜ新書を読むのか？

(1)新書は一般向けに書かれた教養書

新書というスタイルの本が日本に誕生したのは、1938(昭和13)年のことです。それが、**岩波新書**です。その刊行の辞で、岩波書店の創業者である岩波茂雄は「現代人の現代的教養を目的として岩波新書を刊行」と述べています(岩波 1988: 145)。

そして、1962年11月には現代人に「真に知るに価いする知識だけを選びだして提供すること」(中央公論社 1962)を目的に**中公新書**が、1964年4月には「最新の知識への展望を万人に確立させる書物を、新しく世の中に送り出したい」(野間 2014)と**講談社現代新書**がスタートしました。

新書は、その時代が直面した問題について確かな知識を一般読者に伝えようと産み出されたのです。

今では、この他にも数多くの新書が各社から発売されていますが、すべての新書に共通するのは、安くて薄くて読みやすい一般向けの教養書だということです。長さも200〜240ページほどで、だいたい**高校生や大学生**なら読んでわかる内容になっています。

⑵新書は最適な入門書

　ですから、何か新しいことを知りたいとき、最初に読む入門書としては新書が最適なのです。これまで出版された新書は膨大な数にのぼり、新書に取り上げられていない問題はほとんどないと言っていいくらいです。書店や図書館の新書コーナーはあらゆる問題についての入門書の宝庫なのです。

> **研究の基礎技術 7**
>
> 新書は、入門書として最適である。何か調べたいときは、まず新書を読み、大事なところの**要約**をメモしていく。**出所のメモも忘れずに**！

4 問いを立て、答えを見とおす

A イエス／ノー型の問いをいくつも立ててみる

　大きなテーマについて新書で勉強し、新しい知識が増えてきたら、それを小さなトピックに結びつけて、問いを立てることになります。それも、**イエスかノーで答えられる形の問い**にします。なぜそうするかは、だんだんわかりますから、焦らずに読み進めてください。

　「大学の数学科に入学する女子学生が少ない」ことに興味を持ち、これを小さなトピックに選ぼうと考え、大きなテーマになりそうな女性問題について勉強するために、『女性学をまなぶ』(内藤 1994)を読んだ結果、「研究テーマ候補」ファイルに、以下のような要約が並んだとしましょう。

　「構造的」な女性差別－女性差別は、優位に立つ男性集団と、劣位に立たされた女性集団との力関係が生み出す「構造的」な差別であり、個人の力ではどうしようもない(内藤 1994: 22-26)。*差別は自己責任じゃない！*

　固定的な性別役割意識－男性と女性には、「男は仕事、女は家庭」のように違った「役割」が社会によって割り当てられ、男女は、それぞれの役割を学習

し、男らしさ・女らしさを身につけていく(内藤 1994: 50-51)。*女らしさは本能じゃないの?!*

女性のみに割り当てられる「ケア役割」―他人の欲求を満たすために、気を配り、世話をすることが、女性にのみ求められるようになった(内藤 1994: 79-80)。*育児、看護、介護……*

太字は、大きなテーマの候補を示しています。これらを「数学科の女子学生の少なさ」と結びつけて、**イエス／ノー型の問い**をつくってみましょう。

① 数学を専攻する女子学生が少ないのは、「構造的」な女性差別が原因か？
② 数学を専攻する女子学生が少ないのは、数学が女性の性別役割に含まれないからか？
③ 数学を専攻する女子学生が少ないのは、親に対する気配りからか？

どれも、答えはイエスかノーです。

①は、数学を専攻する女性を少なくしているのは「構造的」な女性差別ではないかという問いです。「構造的」な女性差別とは、男性集団全体と女性集団全体との間に優劣があり、男性が集団として力を持っていて、男性たちはその力を使って様々な領域から女性を排除している

という意味です。このような女性差別というと、普通は、就職差別とか賃金格差、あるいはセクハラなどが問題にされることが多いのではないでしょうか？　数学を学びたいと思う女性が少ないことも、これらと同様の問題なのでしょうか？　そうだとしたら、これは調べる価値がありそうではないですか？

②は2つのことを問題にしています。1つは「数学を使いこなすという役割を社会は女性に割り当てていないのではないか」、もう1つは「数学を学ぶことは女らしくないと見なされるので女らしい女性になりたいと思うと数学を専攻しにくいのではないか」ということです。これも、調べる価値がありそうではないですか？

③は、「娘に数学を専攻して欲しいと望む親は少なく、さらに女性は親への気配りから、そういう親の意向に従ってしまう傾向があるのではないか」ということを問題にしています。これは、どうでしょうか？

イエス／ノー型の問いを立てることが大切なのは、そうすることで、研究の方向性がはっきりするからです。イエスでもノーでもいいから、**仮の答えを出し、その答えを支える証拠となる事実を探します**。同時に、**その答えを否定する証拠となる事実も探します**。そして、**集めた事実を見比べて、仮の答えは正しいのか誤りなのか判断を下すのです**。これが、実証的な研究の基本です。

> **研究の基礎技術 8**
> 問いは、イエスかノーか明快に答えられる形の疑問文にする。

◆ B 答えが実証できそうな問いを選ぶ

イエス／ノー型の問いを立てることで、**探さなければいけない証拠**の見当がつけやすくなります。もし答えがイエスなら、こんな証拠があるはずだ、こんな証拠はないはずだと予想することができるからです。あるはずの証拠が本当にあるのか、どれくらいあるのか、ないはずの証拠は本当にないのか、実はあるのか、それらの証拠がありそうな場所を探し回ることになります。

先ほど、「数学科に進む女子学生が少ない」というトピックについて3つの問いの候補を挙げましたが、それぞれについて、イエスまたはノーという答えを実証するには、どのような事実を集め、証拠とすることができるかを考えてみましょう。

(1)事実を集めるのが難しそうな問いは捨てる………

①「構造的」な女性差別は、イエスにせよノーにせよ、大学生や高校生の研究レポートで実証するのは、どうも難しそうですね。男性たちが「力」を使って「構造的」な差別を生み出しているという事実を見つけることはで

きるのでしょうか？

　大学の数学科の受験が男性のみに限られているとか、高校で女性には数学の履修が禁止されているといった事実があれば、また、そのような決まりを作ったのが男性だという事実があれば、イエスと答える証拠になるかもしれません。

　しかし、今の日本では、そんなことはありませんね。では答えはノーかというと、ノーであることを積極的に示す事実を見つけるのも難しそうです。もしかしたら、目に見えない力が働いて、女性に数学を敬遠させているのかもしれません。そういう力が働いていないことを示す事実を見つけられなければ、ノーという答えも証拠不十分でしょう。

　となると、①は選ばないほうがいいでしょう。

(2)たくさんの事実を集められそうな問いを選ぶ

　②固定的な性別役割意識については、様々な事実が集められそうではないですか？　女性たちは、家庭や職場、学校などで、どのような役割を果たしているでしょうか？　そのなかに、数学を使うものがあるでしょうか？　あるとしたら、そういう役割を担う女性は、どれくらいいるでしょうか？　たとえば、中高の数学教師に占める女性の比率はどれくらいでしょうか？　男性たちは、家庭や職場、学校などで、数学を使う役割を担っているでしょうか？　いるとしたら、どれくらいの比率でしょうか？　女性と男性の役割について詳しく調べることは、

高校生や大学生でもできるのではないでしょうか？

③**女性のみに割り当てられる「ケア役割」**についてはどうでしょう？　イエスにせよノーにせよ、実証するための証拠となる事実は、どんなものがあるでしょう？　親に気配りしているかどうかを**示す**事実とは、何でしょうか？　それは、集められそうですか？

⑶**事実が集まりそうかどうか、実際に集めてみる**......

たくさん事実が集まりそうな問いを選ばなければならないわけですが、集まりそうかどうかを確かめるには、研究トピックと研究テーマに関連する事実を実際に集めてみる必要があります。問いを選んだときには、もう事実はかなり集まっているのが理想です。

C 目標規定文を書く

答えが実証できそうな問いを選んだら**目標規定文**（木下 1981：22-25）を書きます。Google ドライブに「目標規定文」ファイルをつくり、以下の 6 点について 200〜300 字で書きます。

① 注目する**小さなトピック**は何か
② **大きなテーマ**として何を考えたいのか
③ ①と②を結びつけて、どのような**イエス／ノー型の問い**を立てるのか
④ **予想される答え**は、イエスかノーか

⑤ その答えを**実証**するには、どういう事実を集めればよさそうか
⑥ この研究の結果、大きなテーマについて、どんな**新しい発見＝知見**が得られそうか

目標規定文は、一般的には次のような構造になります。なお、①〜⑥の番号は字数に含みませんし、実際には書く必要はありません。

> このレポートの目的は、①〜というトピックに注目し、②〜というテーマについて考えることである。そのために、③「○○は××か？」という問いを立て、④その答えはイエス（ノー）であると予想し、その検証に必要な⑤〜、〜、〜に関する事実を集める。このレポートを通して、⑥〜というテーマについて〜という新しい知見を得ることが期待できる。（字数）

数学科に進む女子学生の少なさについて目標規定文を書くとしたら、次のようなものでしょうか。

> このレポートの目的は、①数学科の女子学生の少なさに注目し、②固定的性別役割分担意識の影響について考えることである。そのために、③数学を専攻する女子学生が少ないのは、女性の持つ固定的性別役割分担意識に数学が含まれないからではないかと

いう問いを立て、④その答えはイエスであると予想し、その検証に必要な⑤固定的性別役割分担意識の現状、女子学生の専攻選択の実態、女子学生の志望動機に関する事実を集める。このレポートを通して、⑥女性の持つ固定的性別役割分担意識は学問的な関心を狭めるという知見を得ることが期待できる。
(247字)

(1)目標規定文は何度も書き直す

目標規定文は、研究を進めている間に、しばしば修正が必要になります。ただし、①小さなトピックと②大きなテーマだけは変えてはいけません。ここを変えたら別の研究になってしまうからです。

③イエス／ノー型の問いは、大きく変えてはいけませんが、小さな修正はOKです。たとえば、上の例では、「女性の持つ固定的性別役割分担意識に数学が含まれないから」という部分を「数学が家庭での女性の仕事には必要でないから」などと修正したほうがよくなるかもしれません。こうした点については、大学教員のアドバイスを受けるのが一番です。これについてはパワーアップ・レッスン2で説明します。

④予想される答えも変えません。答えを変えたくなるのは、予想を否定する様々な事実が集まったときでしょう。しかし、そのときには、予想は否定されたという結論を出せばいいだけです。大事なことは、予想が当たろうが外れようが、証拠となる事実をどれだけ集めたかな

のですから。

⑤**実証のやり方**については、大きく変えてかまいません。研究が進むにつれて、最初は考えなかったことに関する事実を調べる必要が出ることがあります。また、集めようと思った事実が思い通りに集まらないこともあります。そういうことがあるので、⑤は決して予定通りにはいかないのです。そのときは、それに合わせて③問いも変える必要が出てくることがあります。問いは、実際に集めることができた事実によって検証できるものでなければならないからです。

⑥**新しい発見＝知見**も、研究の結果次第で、大きく変えてかまいません。むしろ、最初は少しも期待していなかった新しい発見があるほうが、意義のある研究ができたことになります。

(2)目標規定文は自分のためのもの

目標規定文は自分が何をしようとしているのかを明確にするためのものですから、ときどき読み返して研究の方向が予定通りかどうかをチェックし、必要があれば修正して、改めて研究の方向を確認してください。

> **研究の基礎技術9**
>
> 何をどのように研究し、どういう結果を出したいのかを、自分に対して明確にするために、**目標規定文**を書く。

5 事実が書かれた資料を探す

A　Google Scholar を使う

「歩きスマホは本当に社会にとって有害か？」という問いに答えるための資料を探しているとしましょう。

この本を執筆している 2017 年 8 月 9 日現在、普通に Google で「歩きスマホ」を検索すると約 1 千万件ヒットします。「歩きスマホ　事故」で絞り込んでも 50 万件近くヒットします。

Google Scholar(https://scholar. google. co. jp/)を使うと、「歩きスマホ　事故」でヒットする件数は 44 件です。その検索結果画面の最初の部分を**図 8**に示します。

並んでいるのは、東京消防庁のサイトや研究者の論文、書籍のタイトルばかりです。つまり、信用できそうな資料がズラッと並んでいるわけです。

このように、研究レポート作成のための検索には、Google Scholar が便利です。検索結果は日々更新されますから、あなたが「歩きスマホ　事故」で検索すると、きっと違う画面が現われます。試してみてください。

(1)**基本的な使い方**

どれほど便利か、これから詳しく説明します。図 8 を見てください。

最初の項目は東京消防庁が 2016 年に作成した「歩き

図8　Google Scholar の検索画面(一部)
(出所) 筆者作成

スマホ等に係る事故に注意！」というサイトです。

タイトルの前に[引用]とあるのは、それがだれかの著作に引用されていることを示します。[引用]で始まる見出しが黒字になっているのは、ハイパーリンクされていないということです。このサイトが見たければ、見出しをコピーして通常の Google 検索にかけましょう。

すると、「東京消防庁〈安全・安心〉〈トピックス〉〈歩きスマホ等に係る事故に…」というサイトが見つかります。そのサイトを開くと、各種の統計図表が掲載されています。これは、事実を集めるのに役立ちそうですね！

再び図8に戻ります。Google Scholar のよいところは、この東京消防庁のサイトとつながりのある論文へのリンクが提供されているという点です。最初の項目を見ると、「東京消防庁-2016」の下に、☆、⁵⁵、引用元、関連記事というボタンが並んでいます。その使い方を、こ

れから説明します。

　引用元ボタンの横に2と書いてありますが、これは東京消防庁のこのサイトを引用している論文が2つあるということです。さっそく引用元ボタンをクリックしてみましょう。すると、「歩行中・自転車運転中の"ながらスマホ"時の視線計測と危険性の考察」という小塚一宏論文に加えて、「視線計測による」という尾林史章・小塚一宏共著論文を表示する画面が出てきます。いったん、元の検索結果に戻ってください。

　関連記事というボタンをクリックすると、この小塚論文も出てきますが、「自転車走行中に携帯電話操作を行う運転者の視線計測」という別の論文も見つかります。その論文の引用元ボタンの横には3と書いてありますから、クリックしてみると、既に見つけた2つの論文の他に、「歩行者の交差点での適切な安全確認行動を促す警告位置に関する研究」という論文も新たに見つかります。

　このように、Google Scholarの引用元と関連記事をたどると、「いもづる式」に歩きスマホを扱った論文を見つけることができるのです。便利ですね！

　99ボタンについてはあとで詳しく説明するので、今は飛ばします。

　左端の☆ボタンをクリックしてみてください。ボタンが**保存済み**にかわったら、画面右上の**マイライブラリ**（**図8参照**）にカーソルを合わせてクリックします。すると、「歩きスマホ等に係る事故に注意！」という項目が、そのまま保存されていますね。

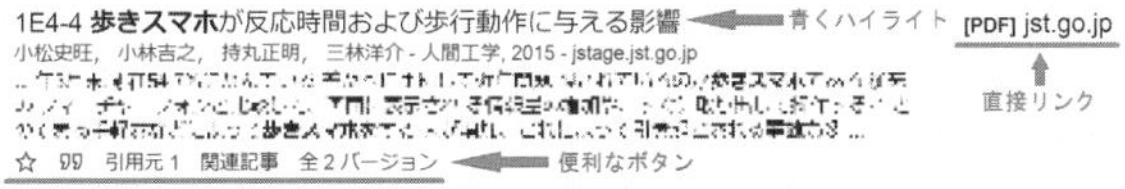

図9　2つ目の項目の全画面
　　　（出所）筆者作成

　マイライブラリは、あなたのアカウントに作られたあなた専用のフォルダです。ここに、あなたが見つけた文献の情報とリンクがたまっていくのです。便利ですね！

⑵リンクをたどって論文や本を見つける

　上の図9に先ほどの図8の2つ目の項目を再掲します。青くハイライトされているものはインターネット上で公開されている論文にリンクされています。図9の右端にある「［PDF］jst. go. jp」というボタンをクリックすると、すぐにpdfファイルに飛ぶことができますが、まずは論文タイトルをクリックしてみましょう。

　すると、様々な学会の発行する学術雑誌の論文を集めて公開するJ-STAGEというサイトに飛び、「人間工学51巻（2015）Supplement 号 p. S178-S179」というページが出てきて、論文のタイトルや著者名、論文の最初のページが表示されます。

　「PDFをダウンロード（424K）　〉」とあり、ここをクリックすると論文全文がダウンロードできます。

　図9の画面で☆ボタンをクリックすれば、マイライブ

図10　3つ目の項目の全画面
(出所) 筆者作成

ラリに文献情報とともに掲載サイトへのリンクも保存されます。すぐにダウンロードせず、とりあえずマイライブラリに保存しておいて、あとでダウンロードすることもできるわけです。

　83ページの**図8**の3つ目の項目は、[書籍]で始まっていましたね。ですから、本であることがわかります。この3つ目の項目を改めて**図10**に示します。

　「遠藤美季-2013-books. google. com」とあるので、この本がGoogleブックス(https://books. google. co. jp/)に収録されていることがわかります。タイトルをクリックすると、Googleブックスのサイトに飛び、この本の電子版を見ることができます。ただし、著作権の関係で全文は見られなくなっていますので、読みたければ図書館で借りるか、自分で購入することになります。それでも、Googleブックスに収録されている部分を眺めることで、どういう本か、おおよそのことはわかります。

　どの項目についても、**引用元**と**関連記事**をたどることで、さらに多くの論文や書籍を見つけることができます。そして、**マイライブラリ**に保存することで、どんどん文

献情報と、その掲載サイトへのリンクをためていくことができるわけです。超便利ですね！

> **研究の基礎技術 10**
> 信頼できそうな研究論文や学術書、資料を探すには、Google Scholar を使う。

B サイト指定して検索する

Google Scholar よりも広い範囲で、ただし信頼できそうな情報に限って探すには、普通の Google 検索でサイトを指定するという方法があります。

Google の検索窓に「歩きスマホ site：ac. jp」と入力してみましょう。ここで site：ac. jp というのは、URL の末尾が ac. jp であるサイトに限るという命令になります。日本の大学や研究機関のほとんどの URL は ac. jp で終わっています。ac はアカデミック（academic）の略、jp は日本（Japan）を示す記号です。このように指定することで、日本の大学や研究機関のサイトに掲載された「歩きスマホ」関連の情報を探すことができるのです。

もう1つ便利なサイト指定が site：go. jp です。go はガバメント（government）の略で政府機関を表わします。日本だけでなく、各国の政府機関は、様々な調査や研究を行っていますし、多くの統計資料を発表しています。様々な省庁が白書と呼ばれる報告書を毎年出版していま

す。それが今ではウェブ上にも掲載され、閲覧できるようになっています。時には、統計資料がダウンロードできるようになっていることもあります。それで、政府機関を指定して検索する意味があるのです。

試しに「歩きスマホ　統計　site:go.jp」でGoogle検索してみましょう。出てきた結果のなかに、「総務省｜平成26年版 情報通信白書｜ネット依存傾向の国際比較」があります。クリックしてみると、ネット依存傾向の国際比較のページで、様々な統計図表が掲載されています。しかも、図表の数値がエクセルファイルでダウンロードできるようになっています。

このように、Google検索の際にサイトを指定することで、研究レポートの材料として使えそうな資料を効率よく見つけることができます。ぜひやってみてください。

> 研究の基礎技術 11
>
> Google検索を絞り込むには、site:ac.jp（学術機関）やsite:go.jp（政府機関）のように、**サイトを指定する**。

C 図書館を歩きまわる

資料探しは、インターネット上だけではできません。図書館の蔵書や資料も、今では図書館のウェブサイトで検索できるようになっていますが、検索だけでは見つか

らないものもあります。実際に図書館に行って、歩き回ることが今でも大切です。

(1)書棚を眺めてまわる

　図書館に行く際には、既に探したい本のタイトルや著者がわかっている場合もあれば、そうでない場合もあるでしょう。タイトルか著者がわかっていれば、どちらかで蔵書検索を行い、探している本の**請求記号**を調べます。タイトルも著者もわかっていなければ、キーワードを使って蔵書検索を行い、自分の研究に関係ありそうな本を探すことになりますが、これだという本を見つけたら、やはりその請求記号を調べます。

　雑誌論文を探す時は、探している論文が掲載されている雑誌の請求記号を調べます。

　請求記号とは、図書館の本の背中にはってあるラベルに記されたアルファベットや数字のことです。通常は3段になっていて、1段目は分類番号か分類記号、2段目は受け入れ番号か著者記号、3段目がシリーズ物の巻号や年次を示す番号になっています。

　図書館の棚には、どの請求記号の本が並んでいるかが示してあります。街角の電柱に番地がはってあるのと同じですね。請求記号とは、本の住所ということになります。図書館には、どの記号がどの棚に並んでいるかを示す地図があります。請求記号を知ることで、探している本がある場所にたどりつけるわけです。

　請求記号をたどって目指す本にたどりついたら、どう

図 11　図書館の書架と、棚に並んだ本
（出所）東北大学附属図書館にて筆者撮影

すればいいでしょう？　すぐに手に取り、図書館のカウンターに行って貸出し手続きをすればいいでしょうか？

いいえ、そうではありません！

思い出してください。請求記号の1段目は分類番号または分類記号でした。図書雑誌の分類法は、日本十進分類法(NDC)、デューイ十進分類法(DDC)、アメリカ議会図書館分類表(LCC)など様々ありますが、どの分類法を使うにせよ、請求記号の1段目はどんな分野の本かを示しているのです。

請求記号をたどってあなたが見つけた本の上下左右には、同じ分類番号または分類記号の本が並んでいます。つまり、同じ分野の本が集まっているのです。ということは、探している本と似た内容の本がたくさん目の前にあるというわけです。これを見逃す手はありません！

探していた本の近くにある本を眺めてみましょう。もしかしたら、探していた本より役立ちそうな本に出会え

るかもしれません。いや、きっと出会えます。

　なお、探している本が図書館にないときは、カウンターで司書に相談します。**司書**は本のスペシャリストです。本や雑誌のタイトルさえわかれば、図書館の司書は、それを所蔵する図書館を見つけてくれます。そして、文献複写サービスや借用サービスなどを通して、探している文献を取り寄せてくれます。

　雑誌の場合には、棚の前にどっかと腰をおろすことになります。図書館では、雑誌は1年分あるいは半年分など数冊まとめて製本され、棚に並べられています。探している論文が載っている巻だけでなく、その前後に出版された巻が左右に並んでいますから、10年分くらい床に積み上げ、順番に眺めていきましょう。

　自分の研究に関係ありそうな論文が載っている雑誌であれば、その論文と似たような内容の論文が別の巻号に載っている可能性があります。積み上げて1巻ずつ眺めていくことで検索では見つけられずにいたものを見つけることができるかもしれません。自分の研究に役立ちそうな論文が他の巻にないかどうか探してみましょう。

研究の基礎技術 12

図書館では、探しにきた本や雑誌が並んでいる棚の**上下左右も眺める**。

(2) 百科事典を調べる

 もう 1 つ図書館のいいところは、**参考図書コーナー**あるいはレファレンスコーナーと呼ばれる場所があり、そこに各種の百科事典が集められていることです。

 日本で最も代表的な百科事典といえば、**平凡社の『世界大百科事典』**があります。平凡社が初めて『大百科事典』28 巻の出版を開始したのは 1931 年でした。最新版は 2007 年刊行の改訂新版で、全 34 巻、収録項目は 9 万、索引項目は 42 万、総ページ数およそ 2 万 5000 ページの「知の宝庫」です。収録項目とは、見出し語になっている言葉のことです。索引項目とは、見出し語にはなっていないが、説明文の中に出てくる言葉のなかで、索引にリストアップされている言葉のことです。調べられる言葉が 42 万あるのだと思ってください。百科事典を引くときは、調べたい言葉が見出し語になっていなくても、あきらめずに索引を調べましょう。調べたい言葉が索引項目になっていれば、どの巻の何ページに出てくるかがわかりますから、そこを読めばいいのです。

 もう 1 つ代表的な百科事典に『**ブリタニカ国際大百科事典**』があります。これは、18 世紀から刊行が始まったイギリスの由緒ある百科事典『エンサイクロペディア・ブリタニカ』の日本版です。1972 年から 75 年にかけて、大項目事典 20 巻、小項目事典 6 巻、総索引、参考文献、分野別の手引からなる全 29 巻が TBS ブリタニカから出版されました。1995 年には、総索引を含めて全 20 巻の第 3 版が、やはり TBS ブリタニカから出

版されています。これで書籍としての出版は終了し、2006年からはウェブ上のオンラインサービス『ブリタニカ・オンライン・ジャパン』のみとなりました。

　百科事典は一般読者を対象に書かれているのですから、高校生や大学生なら読めばわかるはずです。わからない言葉について、詳しい説明を読みたいときには、百科事典を調べてみましょう。きっと理解が深まります。

> **研究の基礎技術 13**
> わからない言葉について詳しい説明が読みたいときは、図書館で**百科事典**を調べる。

(3) ウィキペディアは要注意！

　百科事典というと、今ではインターネット上の**ウィキペディア**(https://ja.wikipedia.org/)のほうが有名かもしれません。しかし、研究レポートの作成に際しては、ウィキペディアの利用には注意が必要です。

　第1に、ウィキペディアは、だれでも編集に参加したり、記事を執筆したりできるので、**著作者がだれか不明**だという問題があります。そのため、記事の内容が本当に信用できるものかどうか、よくわからないのです。

　第2に、ウィキペディアの記事は、**根拠が不明**だということが時々あります。脚注として出典が明記されていたり、参考文献や関連資料が示されたりしていることもありますが、その場合でも記事の執筆者や編集参加者の

意見がまぎれこんでいる可能性があります。

したがって、ウィキペディアを利用する場合には、その記事のもとになっている本や論文を自分で読んで、記述が正確かどうかを自分で確かめることが必要になります。つまり、**原典確認**が求められます。注意しましょう。

⑷ 新聞記事データベースを使う

研究トピックを探す際、新聞の縮刷版を使いましたね。「知らないこと」を探すのが目的でしたから、とにかく新聞の縮刷版を1年分、すみからすみまで眺めたのでした。しかし、研究トピックと研究テーマが決まったあとは、キーワードを用いて図書館が契約している新聞記事データベースを使い、記事集めをすることができます。

代表的な全国紙のデータベースとしては、朝日新聞の『聞蔵Ⅱ for Libraries』、毎日新聞の『毎索』、読売新聞の『ヨミダス歴史館』などがあります。地方紙のデータベースも、その地域の主要な図書館で使えるでしょう。

「2. 小さなトピックを見つける」のCで触れたフィリピン人一家の強制退去問題を研究トピックに選んだとしましょう。『聞蔵Ⅱ for Libraries』でいろいろなキーワードを使って検索すると、この家族に関する最初の記事は、2008年10月28日、朝日新聞埼玉版朝刊の地方欄に掲載されていたことがわかります（朝日新聞 2008b）。ほかにも、2008〜2009年に埼玉版（埼玉県で発行されている**地方版**）に掲載された記事が多数みつかります。このように、研究トピックが決まったあとは新聞記事デー

タベースを使ったキーワード検索が有効です。

> **研究の基礎技術 14**
> 図書館では、新聞記事データベースをキーワード検索して資料となる記事を集める。

D　書誌情報をGoogleドライブにためていく

　インターネット上や図書館で見つけた文献資料は、すべてリストして記録します。自分の Google ドライブに「参考文献」という文書ファイルを作成し、そこに**書誌情報**を書き込んでいきます。書誌情報とは、その文献の住所のようなもので、基本的に「だれが、いつ、どんなタイトルで、どこに発表したか」を含みます。

(1) 雑誌論文の書誌情報

　学術雑誌の論文については、次のように書きます。

　　著者姓　名(出版年)．タイトル　雑誌名，巻(号)，ページ．

　出版年や巻号は、雑誌の表紙に必ず書いてありますし、雑誌によっては、論文の最初のページのヘッダーやフッターに書いてあることもあります。巻号は、巻を通してページ番号が続いているものは号を省略して巻だけを書

き、号ごとにページ番号がつけられているものは巻と号の両方を書きます。

(2)本の書誌情報

本については、奥付(おくづけ)を見ます。**奥付**とは、本の一番うしろにあって、書名と著者名、発行(出版)者名や発行(出版)所名、出版年月日などを記したページです。実物がどんなものかは、この本の一番うしろを見てください。参考文献リストには、次のように書きます。

　　著者姓　名(出版年)．書名　　出版所名

注意点が2つあります。1つは、出版年がいくつも書いてある場合どうするかです。そのときは、最も新しい版の第1刷が出版された年を出版年とします。最新版が第2版以後の場合は、書名のあとに、第何版かを次のように示します。

　　著者姓　名(出版年)．書名　第○版　出版所名

○には、第何版かという数字が入ります。改訂版、増補版などの場合もあります。版が違うと、内容が大きく異なる場合も少なくないので、複数の版が出ている本については、第何版かを明示しなければなりません。

(3)Google Scholar で見つけた文献資料の書誌情報

Google Scholar を使って見つけた文献資料の書誌情報を得るのは簡単です。85 ページにある図 9 に示した項目の下ある ⁹⁹ ボタンをクリックしてみましょう。下の図 12 のような画面が出て、この文献資料の書誌情報が、MLA、APA、ISO 690 という 3 つの形で示されます。

画面の下のほうに並んだ BibTeX、EndNote、RefMan、RefWorks という 4 つのボタンは、研究の初心者が使う必要はないので、無視してください。

MLA は、アメリカ現代語学文学協会（Modern Language Association of America）の略で、この協会が定めた書誌情報の書き方を MLA スタイルと呼びます。主に人文系で用いられます。

APA とは、アメリカ心理学会（American Psychologi-

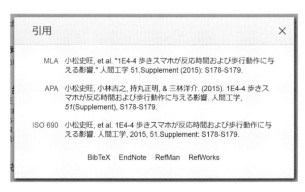

図 12　Google Scholar で ⁹⁹ ボタンをクリックした結果
　　　（出所）筆者作成

cal Association)のことで、この学会が定めた書誌情報の書き方を **APA スタイル**と呼びます。社会科学や行動科学の分野で標準的なスタイルです。

そして、ISO690 とは、国際標準化機構(International Organization for Standardization、略称 ISO)が定めた書誌情報の書き方です。

Google Scholar は、この3種類のスタイルで書誌情報を自動的に提供してくれるわけです。

この本は主に社会科学的な研究レポート作成のためのガイドブックですから、基本的に APA スタイルを採用することにします。そこで APA の横の枠にカーソルを合わせてクリックすると、全体が青くハイライトされますから、コピーして「参考文献」ファイルにはりつけます。

小松史旺, 小林吉之, 持丸正明, & 三林洋介. (2015). 1E4-4 歩きスマホが反応時間および歩行動作に与える影響. 人間工学, 51 (Supplement), S178-S179.

著者名・出版年・タイトルの次の雑誌名『人間工学』・巻号「51 (Supplement)」・ページ番号「S178-S179」が、発表された場所を示します。なお、Supplement とは増刊号という意味です。それで、ページ番号も本来の 51 巻と区別するために数字の前に S がついています。

⑷ URL を忘れずに！

　次に、83 ページの図 8 の最初の項目に戻って ⁹⁹ ボタンをクリックしてください。APA スタイルでは、書誌情報は次のように示されます。

　　東京消防庁．(2016)．歩きスマホ等に係る事故に注意!．

　注意して欲しいのは、これは書誌情報としては不十分だということです。だれが、いつ、どういうタイトルで書いたものかはわかりますが、どこに発表されたかがわかりません。Google Scholar の提供する書誌情報は、このように完全ではない場合もあります。そのときは、足りない部分の情報を補う必要があります。

　試しに普通の Google で、「東京消防庁 2016 歩きスマホ等に係る事故に注意!」を検索してみましょう。そうすると、「歩きスマホ等に係る事故に注意！－東京消防庁－東京都」というサイトがありますから、そのページを開き、ブラウザの窓の URL をコピーして「参考文献」ファイルの東京消防庁の項目に追加します。なお、庁と！の後のピリオドは削除します。234〜238 ページに示す引用文献一覧の形式に合わせるためです。

　　東京消防庁(2016)．歩きスマホ等に係る事故に注意！
　　http://www.tfd.metro.tokyo.jp/hp-sinagawa/info/shinagawadayori/280728.html（2017 年 3 月 12

日)

　URLのあとに必ずウェブサイトを閲覧した年月日をカッコに入れて記入します。ウェブ上の情報は頻繁に更新されるので、同じURLのページでも閲覧した日によって内容が異なる可能性があるからです。更新されても困らないように、そのページを見たらすぐpdfファイルに変換して保存しておきましょう。

　それには、WindowsパソコンでもMacでもGoogle Chromeというブラウザが便利です(図13参照)。開いているページのうえにカーソルを置いて右クリックし、**印刷**を選びます。すると印刷プレビューの画面が開きます。その左コラムの**送信先**を、🖼**ドライブに保存**に設定し、青く表示された**保存**ボタンをクリックすると、見ているページがpdfファイルに変換されて、あなたのGoogleドライブに保存されます。

　他のブラウザや、スマホ、タブレットについては、それぞれのやり方を学んでください。Chromeでも、スマホ、タブレット用だと操作が異なります。

　なお、ウェブサイトでは作成年月日が不明のものもあります。そのときは(　)のなかにn. d. ("not dated"つまり日付不明の略)と書いておきます。

　Google Scholarは、すべて英語文献用のスタイルで書誌情報を提示するので日本語として不自然なところがあり、研究レポートの引用文献リストではスタイルを変更する必要があります。そのやり方は、次章で詳しく説

第 2 章 研究を進める ◆ 101

図 13 Google Chrome で印刷からドライブに保存へ
(出所) 筆者作成

明します。

研究の基礎技術 15

Google ドライブの「参考文献」ファイルに、集めた文献資料の**書誌情報**をためていく。

6 資料のなかからデータを集める

A 質的データと量的データ

 第1章で詳しく説明したように、実証的に研究するとは、「事実を裏付ける上で確実な証明になると判断される材料」を探しだし、そのような材料が確かにあることを見せて、事実を明らかにしたり、そのような事実を根拠として新しく意見を組み立てたりすることです。

 「事実を裏付ける上で確実な証明になると判断される材料」を、データと呼びます。

 実は、私たちは日ごろからデータを用いた実証的な研究をしています。

 たとえば、「カゼをひいたかな？」と思ったときがそうです。そう思うのは、セキが出たり、体がだるかったりするからでしょう。そこで、体温計を取り出して熱を測ります。38℃を超えていれば、学校を休んで寝ていようとか、病院に行って診察してもらおうとしますよね。

 せきが出る、体がだるい、体温が38℃ある、これらはカゼをひいているという「事実を裏付ける上で確実な証明になると判断される材料」すなわちデータです。そして、これらのデータに基づいてカゼをひいているという事実を認め、その事実を根拠に、学校を休もうとか、病院へ行こうという意見を組み立てているのですから、見事に実証的な研究をしていることになります。

ここで、集めたデータは次の通りです。

① せきが出る
② 体がだるい
③ 体温を測ったら、38℃ある

①と②は、身体の状態あるいは性質を言葉で説明したものです。このように、何かの状態や性質を具体的に描写したデータを**質的データ**と呼びます。③は、体温の高さを示す数値です。額に手を当てれば、熱いかどうか見当はつきます。しかし、より正確に体温を知るために、体温計を使って体温を測定するわけです。38℃とは、セルシウス度という尺度(ものさし)を使って、温度を測ったときの数値です。このように、なんらかの尺度を使って測定したときに得られる数値で示されたデータを、**量的データ**と呼びます。

なんらかの状態の言葉による説明が質的データ、なんらかの尺度を使って測定した数値が量的データと、ここでは覚えておいてください。

B 資料からデータを抜き書きする

Googleドライブに「データ抜き書き集」という名のファイルを作成し、そこに質的データと量的データをどんどん書き込んでいきます。

資料の原文を一字一句変えず、改行その他の体裁もで

きるだけそのまま抜き出すのがポイントです。何のデータかわかるように、見出しをつけておきましょう。どの資料から抜き出したかわかるように、**必ず出典**を最後に**ハーバード方式**で明記します。基本型は(著者姓　出版年：ページ番号)です。

　次章で詳しく説明しますが、研究レポートの本文中でも出典はハーバード方式で示します。「データ抜き書き集」ファイルでもハーバード方式でメモしておけば、あとで本文に組み込む際、そのままコピーできて便利です。言うまでもないことですが、出典の正確な書誌情報は「参考文献」ファイルに必ず書き込んでおいてください。

(1)質的データを抜き書きする

　ストーカー被害に関するデータを集める場合を例に、質的データの抜き出し方を説明しましょう。『ストーカー犯罪——被害者が語る実態と対策』(秋岡 2003)という本には、約10ページにわたって「桶川事件」の記述があります(秋岡 2003: 16-26)。その全体を丸ごと書き写すのではなく、あとで分類整理しやすいように、できるだけ小さな事実のまとまりに切りわけて抜き書きしていきます。

【桶川事件：被害者の年齢と性別】
　事件当時21歳の女子大生だった。
(秋岡 2003: 16)

抜き書きは、このように短い場合もあれば、次のように長い場合もあります。ポイントは、ひとまとまりの事実かどうかです。

　【加害者の言動】
　「俺と別れるなら親の仕事を奪ってやる」「前の女も、親の仕事を奪って学校は退学させた。おまえもそうなりたいか」などと脅し、「別れるなら家をめちゃめちゃにして、精神的に追いつめて天罰を下す」「俺をバカにする人間は全財産を使っても、どんな人間を雇ってでも、とことん追いつめてやる」「俺をふつうの男と思うなよ」などと迫っていた。
　　　　　　　　　　　　　　　　　　（秋岡 2003: 17）

　実は、この直後に「これでは、言われる側にとっては殺すと脅されているのも同然だ」（秋岡 2003: 17）という文章がありますが、これは著者である秋岡氏の意見ですから、データにはなりませんね。このように、著者の解釈や説明である部分は除いて、事実の記述だけを抜き出していきます。
　秋岡氏の著作だけからも、桶川事件について多数のデータが抜き出せます。しかし、1人の著者の記述だけでは十分確かかどうか心配ですから、他の資料も探すことになります。単行本としては、『桶川女子大生ストーカー殺人事件』（鳥越・取材班 2000）、『虚誕——警察につくられた桶川ストーカー殺人事件』（鳥越・小林 2002）、

『桶川ストーカー殺人事件——遺言』（清水 2004）などがあります。このほかにも、事件当時から裁判までの新聞記事や雑誌記事を自分でチェックしなければいけませんし、入手可能であれば判決文も調べることになります。

(2)量的データを抜き書きする

量的データの場合は、スキャンするか写メを撮るかして、図表をそのままはりつけましょう。あくまでも抜き書きですし、どんどん増えていきますから、図表に番号をつける必要はありません。

グラフと表をはりつけた例を2つ示します。

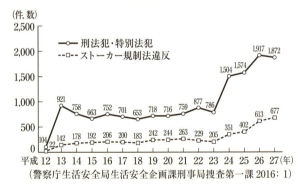

（警察庁生活安全局生活安全企画課刑事局捜査第一課 2016: 1）

【ストーカー規制法の適用】

	平成 23 年	24 年	25 年	26 年	27 年
警告	1,288	2,281	2,452	3,171	3,375
禁止命令等	55	69	103	149	145
仮の命令	0	0	0	2	0

(警察庁生活安全局生活安全企画課刑事局捜査第一課 2016: 2)

(3) データは集められるだけ集める

こうして、次々とデータを書き込んだりはりつけたりしていくわけです。データを集める段階では、研究トピックと研究テーマに少しでも関係があると思われるものは、すべてデータ抜き書き集ファイルにためていきます。

一般に、高校生や大学生の研究レポートは限られた時間で作成しなければいけないので、本当に十分なデータを集めるのは難しいでしょう。だからと言って、手を抜いてもよいということにはなりません。時間の許す限り、データは集められるだけ集めましょう。

これでもか方式と私は呼んでいますが、実証的な研究では、時間と労力が許す限り、「これでもか」というほどデータを集めます。

研究の基礎技術 16

データはこれでもか方式で集められるだけ集め、「データ抜き書き集」ファイルにためていく。

7 データに事実を語らせる

A データを分析する

　データ集めが進んできたら、集めたデータから何が読み取れるのかを考えるという作業が始まります。それが、**データ分析**です。データとは「事実を裏付ける上で確実な証明になると判断される材料」でしたね。したがって、データを分析するとは、集めたデータがどのような事実を裏付けているのかを見つけだすということです。

　それは、推理小説の犯人捜しに似ています。推理小説では、次々と見つかる証拠が、それぞれパズルのピースとなっています。主人公の名探偵は、どのピースとどのピースがどのようにつながるかを探り当て、次々とピースを組み合わせていきます。すべてのピースがそろうと、犯罪の全体像が一枚の絵として浮かび上がり、真犯人を映し出します。証拠が互いに結びついて、事実を語ってくれるわけです。実証的な研究も同じです。データ分析とは、集めたデータに事実を語らせる作業なのです。

B 質的データを組み合わせ、全体像を語らせる

　あなたが日本の調査捕鯨の問題について調べているとしましょう。

調査捕鯨は事実上の商業捕鯨だという批判があることを知って、あなたは調査捕鯨と鯨肉の流通がどうなっているか調べようと、いろいろな資料を集めます。すると、以下のような質的データを入手しました。

【捕獲調査と副産物】
この国際捕鯨取締条約第8条では、調査後の鯨体を可能な限り有効利用することが定められており、日本の捕獲調査では調査終了後の鯨体から副産物として鯨肉や畝須（鯨ベーコン）などを生産しています。
　　　　　　　　　　　　　　　（日本鯨類研究所 n.d.）

【調査副産物の販売の仕組み】
調査副産物である鯨肉については、農林水産大臣の指令書をもって承認された特別調査事業業務方法書に基づき、毎調査終了後に水産庁長官の承認を得て販売し、その取得金は鯨類捕獲調査に関する経費に充当することとしている。
　　　　　　　　　　　　　　　　　（水産庁 2011: 5）

【調査捕鯨の実施と副産物の加工】
こうした調査捕鯨は一般財団法人日本鯨類研究所が実施主体となり、弊社が同研究所より要請を受けて、調査に必要な船舶と人員を提供して実施しています。また、国際捕鯨取締条約第8条2項には調査後の鯨体の有効利用が求められており、政府からの指示書

と同研究所の委託により、弊社にて副産物を加工し、共同販売株式会社が販売を手掛けています。

(共同船舶株式会社 n.d.)

【調査捕鯨と副産物の販売ルート】
営業部では、実施主体である日本鯨類研究所からの委託を受けて、調査の結果得られた副産物を貴重な食料資源として有効に活用するため、鯨肉原料や加工品の販売活動を、全国の卸売市場、加工業者、問屋といった200社を超える法人顧客に対して展開しております。

(共同販売株式会社 n.d.)

【新会社設立で販路拡大を図る】
調査捕鯨の頭数拡大で在庫が積み上がった鯨肉の販売を促すための新会社「鯨食ラボ」が今月、水産庁の後押しを受けて設立された。低カロリー、低脂肪など鯨肉の長所を強調し、病院食や在宅の患者食用に売り込みを図る。

(朝日新聞 2006: 11)

これらのデータから「日本政府の許可の下に日本鯨類研究所という組織が調査捕鯨を行っているが、調査のための船と人は共同船舶株式会社という企業が提供し、この企業が捕獲された鯨を加工して、共同販売株式会社と鯨食ラボという2つの会社が加工された鯨肉を販売する

という体制ができており、しかも調査捕鯨の副産物の販売収入が日本鯨類研究所の行う調査費用の一部になっている」という事実が浮かび上がってきます。

このように、いくつかの質的データを組み合わせることで、ある1つの事実の**全体像**を語らせることができるのです。もちろん、ここに示したのは全体像の輪郭に過ぎません。研究レポート作成にあたっては、日本鯨類研究所とはどういう組織なのか、共同船舶や共同販売、鯨食ラボといった会社のあいだには何かつながりはあるのか、そして水産庁など日本政府の役割は何なのか、さらにデータを集めて、調査捕鯨と鯨肉流通の実態を詳しく明らかにしていくことになります。

繰り返しますが、質的データをパズルのように組み合わせて、事実の全体像を克明に示しましょう。1つでもパズルが欠けていては、絵は完成しません。すべてのピースを見つけるまで、データ探しは続きます。

C 質的データを並べ、共通点と相違点を語らせる

あなたが日本で起きた無差別殺傷事件について調べているとしましょう。そのような事件に共通する特徴を知るには、質的データを並べて見比べます。

【1999年池袋事件】
　東京・池袋で99年、通行人を包丁と金づちで次

々と襲い、2人を殺害し6人に重軽傷を負わせたとして殺人や殺人未遂などの罪に問われた<u>A山B男被告</u>(31)の上告審判決が19日あった。最高裁第一小法廷(横尾和子裁判長)は「冷酷、非情、残忍で、被害者らには何一つ落ち度がない」と述べ、A山被告の上告を棄却した。(中略)

一、二審判決によると、A山被告は、自分の携帯電話にかかってきた無言電話をきっかけに社会への不満を爆発させた。

(朝日新聞 2007: 35)

【1999年下関事件】

山口県のJR下関駅で99年に5人が死亡、10人が重軽傷を負った無差別殺傷事件で、最高裁第二小法廷(今井功裁判長)は11日、殺人などの罪に問われて一、二審とも死刑とされた元運送業・<u>C川D太被告</u>(44)の上告を棄却する判決を言い渡した。(中略)

公判では、犯行時の被告に刑事責任能力があったかが争点だったが、第二小法廷は「心神喪失または心神耗弱の状態にはなかった」とする二審・広島高裁の判断は相当だと述べた。

(朝日新聞 2008a: 1)

【2008年土浦事件】

2008年3月に茨城県土浦市で起きた連続殺傷事件

で殺人罪などに問われたE田F郎被告(26)の死刑が、5日午前0時に確定した。(中略)

E田被告は公判中、9人を殺傷した動機を「死刑になりたかったから」と説明していた。

(朝日新聞 2010: 35)

【2008年秋葉原事件】

東京・秋葉原で2008年、7人が死亡し、10人がけがをした無差別殺傷事件で、殺人などの罪に問われた元派遣社員のG畑H介被告(32)の上告審判決が2日、最高裁第一小法廷であった。桜井龍子裁判長は「周到な準備、強固な殺意、残虐な態様で敢行された無差別事件で、責任は極めて重大だ」とし、一、二審の死刑判決を不服としたG畑被告の上告を退けた。(中略)

最高裁は判決で、犯行当時の被告について「派遣社員として職を転々とし、孤独感を深めていたなか、没頭していたインターネットの掲示板で嫌がらせを受け、派遣先の会社内でも嫌がらせを受けたと思い込み、強い怒りを覚えていた」と指摘。「嫌がらせをした者らに、その行為が重大な結果をもたらすことを知らしめるため」と犯行動機を認定した。

(朝日新聞 2015: 1)

上記の引用ではプライバシーに配慮して仮名にしてありますが、この4件を並べてみると、氏名から犯人は全

員男性であるという**共通点**が浮かび上がってきます。一方、動機は様々で、池袋事件と秋葉原事件では社会への不満が動機だと裁判で認定されていますが、土浦事件では死刑になりたいというのが動機だったと被告が公判で述べており、下関事件では動機よりも心神喪失または心神耗弱だったかどうかが争点でした。動機については**相違点**が目立ちます。

たった4件ですが、こうして並べてみると、「無差別殺傷事件の犯人は男性ばかりなのか？」という疑問がわいてきますね。さらに無差別殺傷事件の事例を集めて確かめる価値がありそうです。一方、動機はいろいろあるようなので、他にどのような動機があるのか、他の事例から探っていくことになります。また、心神喪失とか心神耗弱が争点になる事例が多いのかどうかも、さらに事例を集めて調べなければなりません。前に述べた「これでもか方式」で質的データを集めていきます。

このように、質的データを並べて比べることで、**複数の事実にまたがる共通点と相違点を具体的に明らかにして**いくことができます。

研究の基礎技術 17

質的データは
- 組み合わせて、**事実の全体像**を描く。
- 並べて比較し、**共通点と相違点**を明らかにする。

D 量的データを示し、一般的な特徴を語らせる

一般的な特徴を語らせるには、2通りのやり方があります。1つは、量的データをグラフにして、**ばらつきの大きさと形**を語らせるという使い方です。もう1つは、なんらかの数値を指標として、**中心的な傾向**を語らせるという使い方です。

ここで説明するのは、統計学の入り口の部分に過ぎません。統計学の知識がほとんどないことを前提に、数字の読み方やグラフの見方を解説します。ここで説明する以上のことについては、統計学をきちんと学んでください。入門書はたくさんありますが、大村平『改訂版 統計のはなし』(大村 2002)、西内啓『統計学が最強の学問である』(西内 2013)と『統計学が最強の学問である[実践編]』(西内 2014)がおすすめです。また、古典としては、ダレル・ハフの『統計でウソをつく法』(ハフ 1968)があります。図書館や書店の統計学コーナーで、自分に合った入門書を見つけてください。

(1) ばらつきの大きさと形を語らせる

厚生労働省が毎年行っている国民生活基礎調査によると、1世帯あたりの平均所得金額すなわち所得の平均値は、2015年には541万9千円でした(厚生労働省 2016: 11)。この数字を聞いて、あなたはどういう状況を想像するでしょうか?

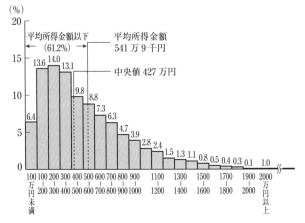

図14　所得金額階級別世帯数の相対度数分布
（出所）厚生労働省（2016: 11）

　多くの世帯が500〜600万円の所得を得ており、所得金額が500万円未満の世帯も600万円を超える世帯も少ないのだろうと思いますか？　そう思うとしたら、あなたは、所得のばらつき方が平均値を中心に山のような形になっており、左右対称になだらかに傾斜しているものだと無意識に想定してしまっています。つまり、**正規分布**を想定してしまっています。しかし、すべての量的データがこのような形にばらつくとは限りません。

　たとえば所得のばらつき方は、**図14**が示すように、山が平均より左にずれています。

　もう1つ、有名なばらつき方に**M字カーブ**があります。日本の女性の労働力率の年齢別分布が、この形を示

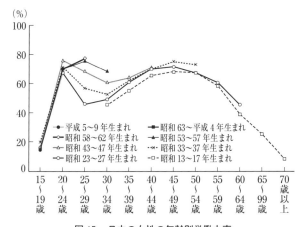

図 15　日本の女性の年齢別労働力率
（出所）内閣府男女共同参画局（2013: 13）

します。図15では、25〜34歳のところに女性の労働力率の谷が見て取れます。出産・育児する女性が一時的に職場を離れる結果です。ただし、谷の深さが若い世代ほど浅くなっていることもわかりますね。また、谷底が、若い世代ほど高年齢化している様子もわかります。

ここで注目してほしいのは、このデータのサンプルを既婚（有配偶）者と未婚・非婚（無配偶）者にわけるとM字が消えることです。それを示したのが118ページの図16です。

要するに、日本の女性は、結婚して一時職場を離れるが出産して育児に手がかからなくなるにつれて職場に復帰するグループと、結婚せずに働き続けるグループに分

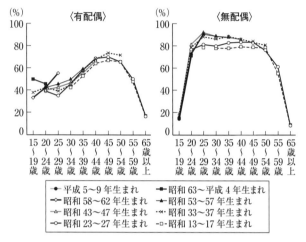

図 16　有配偶と無配偶にわけた場合の女性の年齢別労働力率
　　　（出所）内閣府男女共同参画局（2013: 15）

かれるということを図 16 は示しています。

　ここで覚えておいて欲しいのは、量的データが M 字カーブのばらつき方を見せる場合、しばしば 2 つの異なるグループが混在している可能性があるということです。それぞれのグループごとに集計しなおすと、M 字が消えて、それぞれ山は 1 つだけになることが多いのです。M 字カーブは「性質の異なる 2 種類のサンプルが混ざっていますよ」と語っているわけです。

　このように、量的データを扱う場合、ばらつき方を知ることが重要です。量的データを入手したら、棒グラフや折れ線グラフを描いて、**分布形**を確認しましょう。

(2)中心的な傾向を語らせる

　もう一度、116ページの図14を見てください。**中央値**427万円という数字が書き込まれていますね。中央値とは、所得を最低額から最高額まで順番に並べたときに、ちょうど真ん中にくる所得額です。それで、中央値と呼ばれます。

　最も数が多いのは所得額200〜300万円の世帯です。このグラフの**最頻値**は、したがって200〜300万円の層です。最も数が多いということは最も頻度が高いということなので、最頻値と呼ばれます。

　平均値、中央値、最頻値は、量的データの中心的な傾向を示す指標として使われます。中心的な傾向とは、そのデータが全体として示す特徴という意味です。

　最もよく使われるのは**平均値**でしょう。日経平均株価という言葉は、聞いたことがあると思います。これは、東京株式市場に上場している主要な会社の株価の平均値です。日経平均株価の値は、東京株式市場に上場している会社が全体としてどれくらい価値があるかを示す指標として使われています。

　既に指摘したように、データのばらつき方によっては、平均値が真ん中に来ないこともあるので、注意してください。また、平均に近い値を取るデータの数が多いとも限りませんから、これも注意が必要です。

　中央値は、データを最大から最小まで並べたときに、ちょうど真ん中にあるデータの値という意味ですから、順番の上での中心的な傾向を示します。普通の日本語で

真ん中という意味に一番近いのが中央値でしょう。クラスの真ん中の成績と言えば、上から数えても下から数えても同じ順番の成績ですよね。最高の成績も最低の成績も例外かもしれないけれど、順番が真ん中の成績を見ればクラス全体の様子が一番よくわかると考えたら、中央値を見ればいいわけです。

最頻値は、一番多い値ですから、どんな値のデータが最も多いかという意味での中心的な傾向を示します。小選挙区制では一番得票数の多い候補者ひとりが当選しますが、それって投票数の最頻値を示す候補者を当選と認めるという意味ですよね。

E 量的データを示し、変化の方向を語らせる

図17は、20世紀後半（1946〜1999年）の日本における殺人事件の認知件数、検挙件数、検挙人員数を示した**時系列グラフ**です。

図17のグラフは、第二次世界大戦後の日本では、殺人の数は増えていると語っているでしょうか？　それとも、減っていると語っているでしょうか？

すぐに答えようとしてはいけませんよ！　答える前に、問わなければならないことがあります。

(1)比較の基準を明確にする

第1に、「どことどこを比べているの？」という問題です。グラフが昭和21年(1946年)から平成11年(1999

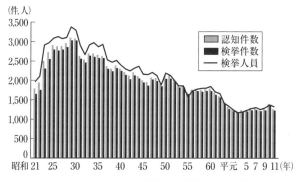

図17 殺人の認知・検挙件数、検挙人員数の変化
（出所）警察庁(2000: 12)

年)のデータを示しているからといって、この2つの時点を比べなければいけないと決まっているわけではありません。昭和21年と昭和29年(1954年)を比べたら、昭和29年のほうが高い数値を示しています。一方、昭和29年と平成元年(1989年)を比べたら、平成元年のほうが低い数値を示しています。

(2)傾向の一貫性を確認する

第2に、「一貫した傾向を聞いているの？」という問題です。普通の日本語では、増えているとか減っていると言うと、そういう傾向が続いているというニュアンスがありますね。しかし、図17を見ると、グラフにはデコボコがあります。大きなデコボコも、小さなデコボコもあります。昭和21年から昭和29年までの短い間でも、

昭和26〜27年に小さなへこみがあります。昭和29年から平成元年までを見ても、時々増える時期があります。一貫性があるかないかの判断は難しそうですね。

(3)データは何を語っているか？

　警察庁は、図17のグラフから「殺人の認知件数は、昭和29年の3,081件をピークに減少傾向にあり、平成3年の1,215件で底を打ったが、その後は横ばいで推移し、11年には1,265件となっている」(警察庁2000：11)と解釈しています。この解釈は妥当でしょうか？

　その答えを簡単に出すことはできません。増えているとか減っているという判断は意見だからです。意見のもとになっている事実は、毎年の殺人件数が何件だったかということだけです。

　それなのに、図17のグラフは「最初は増えたが、その後は減り続け、最後は横ばいだ」と語っていると警察庁は判断したわけです。

　警察庁の担当者には、そういうデータの声が聞こえたのでしょう。

　あなたには、同じ声が聞こえますか？

　2000年以後のデータを見ると、次ページの表1のようになります。この表のデータを使えば、図17のグラフをさらに平成27年まで延ばすことができます。ぜひやってみてください。この表を見ると、2013年の認知件数は938件で、これは「殺人事件、戦後初めて1000件下回る」とニュースになりました(日本経済新聞

表1　殺人の認知・検挙件数、検挙人員数

年　次	認知件数	検挙件数	検挙人員
2000	1,391	1,322	1,416
2001	1,340	1,261	1,334
2002	1,396	1,336	1,405
2003	1,452	1,366	1,456
2004	1,419	1,342	1,391
2005	1,392	1,345	1,338
2006	1,309	1,267	1,241
2007	1,199	1,157	1,161
2008	1,301	1,237	1,211
2009	1,095	1,074	1,036
2010	1,068	1,029	999
2011	1,052	1,029	971
2012	1,032	963	899
2013	938	950	906
2014	1,054	1,010	967
2015	933	938	913

（出所）警察庁（2005:52;2016:10）より筆者作成

2014）。翌2014年は再び1000件を越えましたが、2015年には933件と「戦後最低」を更新しています。

　図17と**表1**は、どうやら「昭和30年（1955年）以後、多少のデコボコはあるものの、60年にわたって殺人事件は減り続け、ピークだった昭和29年の約3000件に比べて3分の1にまで減少した」と語っているようです。

おっと、これは私の耳に聞こえてきたデータの声ですから、あくまでも私の意見です。

このように、データの語る声は、聞く人によって違う可能性があります。それで、実証的な研究レポートでは、読み手が独自にデータの声を聞き直すことができるようにデータを提示することが大切になります。

> **研究の基礎技術 18**
>
> 量的データは
> - グラフを描くと、**ばらつきの大きさと形**を示す。
> - 平均値・中央値・最頻値を計算すると、**中心的な傾向**を明らかにする。
> - 時系列に並べると、**変化の方向**を示す。

F 事実を積み上げる

以上、質的データと量的データの使い方を説明するために、ごく簡単な事実を例に、わずかのデータで裏付け方の見本を示しました。実際に研究レポートを作成する際には、もっともっと多くのデータを集めて、個々の事実をシッカリ裏付ける必要があります。そして、確かに裏付けられた事実を積み上げ、積み上げられた事実を根拠として、最終的に意見を組み立てることになります。

あなたが立てた問いに答えを出すには、どのような事実を集めなければいけないか、それらの事実を裏付ける

にはどのようなデータが必要かをよく考えて、「データ抜き書き集」ファイルにデータをためていきましょう。

　ファイルのなかでは、同じ事実に関するデータは、どの資料から抜き出したか、質的データか量的データかにかかわらず、近くに並べます。それらが互いに結びついて、あなたに大きな声を聞かせてくれるはずです。

> **研究の基礎技術 19**
> 同じ事実に関するデータは、「データ抜き書き集」ファイルのなかで近くに並べる。

パワーアップ・レッスン 2

大学教員を訪ね、アドバイスをもらう

A 大学教員とは、どういう人か？

　大学教員は、教員であると同時に必ず何かの**研究者**です。自分が研究していることを学生に教えます。それも、単に研究の成果を教えるのではなく、どうすれば「知らない」ことを調べられるか、調べる方法を教えるのです。

　たとえば私は、文化人類学という学問を専門とし、特に台湾の政治経済と社会の分野に詳しく、入門書（沼崎 2014a）も書いているので、台湾における政治経済と社会の問題についてなら、私が「知らない」ことでも、どう調べればよいかアドバイスできます。つまり、大学教員は**研究アドバイザーになれる人**です。

　また、大学教員は、学会という研究者の団体に所属し、学会が開く研究集会に参加して、自分で発表したり、他人の発表を聞いたりして、いろいろな分野の研究者と交流しています。つまり、研究者のネットワークにつながっています。

　たとえば私は、日本文化人類学会という文化人類学者の学会と、日本台湾学会という台湾研究者の学会に所属し、ほぼ毎年、日本文化人類学会の研究大会と日本台湾学会の学術大会に出席しており、多くの文化人類学者や台湾研究者とつながっています。

　このようなつながりを通して、大学教員は、自分と同

じょうな研究をしている人ばかりでなく、自分とは全く違う研究をしている人たちとも交流しています。それで、大学教員は**研究者ネットワークにつなげてくれる人**にもなれます。

B 大学教員には、何ができるのか？

大学教員にはできるが Google 検索にはできないことが3つあります。一緒に問題意識を掘りさげること、読むべき本を示すこと、そして訪ねるべき他の研究者を紹介すること、この3つです。

(1) 一緒に問題意識を掘りさげる

Google は、検索したい言葉を知らないと使えませんよね？ また、Google は、入力した言葉を含むサイトは見つけ出してくれますが、当然ながら、入力した言葉を含まないサイトは見つけてくれません。

Google 検索も進歩していて、関連する検索キーワードのリストを示してくれるようになりましたが、リストに挙げられるのは最初に入力した言葉を含むものだけです。

たとえば、「イジメ」と入力すると、「イジメ事件」、「イジメ対策」、「イジメ内容」、「いじめられる子　特徴」などが他のキーワードとしてリストアップされます。しかし、「イジメ」や「いじめ」を含まない言葉は、リストアップされません。

大学教員との対話は違います。

たとえば、学生が「イジメに興味があるのですが?」と聞いてきたら、私は「どんなイジメに興味があるの?」と聞き返すでしょう。「言葉によるイジメです」と答えられたら、さらに「じゃあ、言葉によるイジリは?」とイジメ以外の言葉を持ち出すでしょう。学生が「そうですね。いじられても傷つくことありますからね」と答えたら、「じゃあ、からかわれたら、どう?」と話を進め、「言葉によるイジメ、イジリ、カラカイ、オチョクリに共通する問題は何だろうね?」というように、学生に興味を掘りさげさせようとするでしょう。

私にあれこれ質問されて、「そうか。自分が関心を持っているのは、心を傷つけるような言葉を発する行為なのか」と気づいた学生が、「そうすると、言葉のセクハラなんかもイジメなんでしょうか?」と私に聞いてきたとしましょう。私は、「どう思う? それなら、他にも似たようなものはないかい?」とさらに質問します。学生は「あ、ヘイトスピーチがあります! 私が興味を持っているのは言葉の暴力なのかな」と首をかしげます。

こうして、「イジメ」だけでも深刻な社会問題ですが、さらに「言葉のセクハラ」や「ヘイトスピーチ」など他の社会問題にも視野を広げることで、より大きな「言葉の暴力」という問題に気づくことができます。

これで終わりではありません。私は、「それでは、暴力って何だろうね?」、「言葉の暴力以外の暴力には何がある?」、「それらの共通点は?」と問いかけを続けます。

このような対話を、Googleとすることはできません。IT技術がもっと進歩すれば可能になるかもしれませんが、それはまだ先のことのようです。

　大学教員は、学生に何か聞かれると、逆にあれこれ質問しながら、学生が最初に発した言葉とは違う言葉を次々と連想させ、それらに共通するものは何かを探ることによって、学生の問題意識を掘りさげ、学生が自分の興味関心をハッキリ自覚できるように手伝うことができるのです。

⑵読むべき本を示す

　このような対話を通して学生の興味関心がハッキリしてきたら、私は「それでは、こんな本を読んだらどう？」と、書棚から何冊か入門的な本を取り出し、学生に貸し与えることになります。

　私は対話を通して学生のレベルを把握していますから、それに合わせて、一番わかりやすそうな本を選び、「これ読んだことある？」と聞きます。「いえ、まだです」と学生が言えば、「じゃあ、読んでみてください」と手渡します。もちろん、「はい、もう読みました」と学生が言えば、別の本を探して渡します。

　大学教員は、様々な調査報告書や資料も集めていますから、学生の興味関心にあったものがあれば、それも貸し与えることになります。

　こうして、学生は本や資料を抱えて帰ることになります。借りた本や資料は、返さなければいけませんよね？

特に、本は、読んだらすぐに返しましょう。

　本を返しに学生がくれば、私は「まあ、お座りなさい」とイスを出し、「読んでみて、どうでした？」とか「どこがおもしろかったですか？」とか質問しながら、再び学生と対話し、「今度はこれなんか読んでみたら？」と、入門書の次に読むべき本を書棚から取り出して学生に貸すことになるでしょう。研究論文のコピーなど少々レベルの高い文献も渡すかもしれません。

　そして、再び本を返しに学生がくれば、私は「まあ、お座りなさい」とイスを出し……。この関係は、学生が研究レポートを書き上げて、そのコピーを持ってきてくれるまで続きます。もちろん、それで関係が切れるわけではありません。その学生から再び相談があれば、私は喜んで応じます。

　このように、大学教員は、学生のレベルとニーズにあわせて、手元にある本や資料のなかから、その学生が読むべきものを見つけだし、貸し与えることができます。しかも、最初に何を読めばいいか、その次に何を読めばいいか、読む順番も教えられるわけです。

(3)他の研究者を紹介する

　既に述べたように、大学教員は、大学の外の研究者ネットワークとつながっており、自分の専門とする学問の世界で、だれがどのような研究をしているのか、だいたい把握しています。

　そのため、自分自身がアドバイスできないときでも、

アドバイスできそうな研究者を紹介することができます。必要があれば、電話かメールで「○○という学生が訪ねていくので、よろしくお願いします」と頼みます。

このように、大学教員は、学生が訪ねるべき他の研究者を見つけだし、学生をその研究者につなげることができるのです。これも、Google では無理ですね！

C 大学教員からアドバイスを受けよう！

大学教員は、一緒に問題意識を掘りさげてくれるし、読むべき本を示してくれるし、訪ねるべき他の研究者を紹介してくれるのですから、ぜひ大学教員を訪ねて、いろいろとアドバイスを受けましょう。

ただし、条件が1つだけあります。それは、その大学教員の**専門の範囲内**で研究のアドバイスを求めるということです。できるだけ自分のやりたい研究に近い研究をしている大学教員にアドバイスを求めに行きましょう。

そのためには、自分の研究の目標規定文を書き上げて、自分が何をやりたいのか、ある程度ハッキリさせておく必要があります。そうすれば、自分の研究トピックや研究テーマをキーワードに、自分のやりたいことに近いことを研究している大学教員を探すことができるからです。

アドバイスがもらえそうな大学教員を探すには、**researchmap**（http://researchmap.jp/）という全国規模のデータベースまたは個別の大学が提供する教員データベースを検索します。

特定の大学の教員を探したければ、その大学のウェブサイトを見てみましょう。最近は、ほとんどの大学が教員データベースを提供しています。Googleで大学名と「教員紹介」あるいは「教員一覧」と入力すれば、その大学の教員データベースにたどりつけるはずです。

(1)訪ねる教員について予習する

　researchmapでも個別大学の教員データベースでも、個人のページには研究分野や論文や著書が載っていますから、どういう研究をしている人かが具体的にわかります。論文や著書のタイトルを見れば、自分のやりたいことに近い研究をしている人かどうか見当がつくはずです。

　見当をつけたら、その人のウェブサイトを見るとか、著書を図書館で探して眺めてみるとか、論文をどれか読んでみるとか、その人について必ず予習してください。面会を申し込むと、「どうして私に会いたいのですか?」と聞かれることが多いからです。そのとき、その大学教員の著作を読んで研究に興味を持ったからだと答えられれば、会ってもらえる可能性が高くなります。

(2)面会申し込みメールを出す

　こうして自分のやりたいことに近い研究をしている大学教員を見つけたら、面会を申し込みましょう。研究者データベースにメールアドレスが公開されていれば、面会申し込みメールを出すことができます。メールアドレスが公開されていないときは、なんらかの方法でメール

> ○○先生
>
> 　初めてメール差し上げます。○○高校○年(○○大学○○学部○年)の××××と申します。
>
> 　私は、□□を研究トピックとし、△△という研究テーマについて、研究レポートを作成しています。研究の進め方、資料の探し方について、アドバイスをいただきたいと存じます。ご都合のよろしいときに面会していただけないでしょうか。
>
> 　先生にメール差し上げるのは、先生の書かれた「〜〜〜〜」を読み、先生が△△について研究されていることを知り、ぜひお話を伺いたいと思ったからです。
>
> 　お忙しいところ恐縮ですが、どうぞよろしくお願い申し上げます。
>
> ○○高校○年(○○大学○○学部○年)
> ××××
> メールアドレス

アドレスを調べることになります。学術雑誌に掲載された論文には、しばしば著者名とともにメールアドレスも掲載されているので、その人の書いた論文を見るのが手っ取り早いかもしれません。どうしてもメールアドレスがわからないときは、勤務先に電話して調べましょう。

　面会申し込みメールの本文は、上のような形にします。

　携帯メールやLINEとは違いますから、本文の最後に自分の学校名、氏名、メールアドレスを書くことを忘れないでください。これを**署名**と言います。

　面会申し込みメールを出す際は**件名**に注意しましょう。

「こんにちは」とか「初めまして」ではスパムメールとまちがわれかねないので、「○○高校○年×××研究アドバイス希望」とか、「○○大学○○学部○年××××より面会のお願い」というように、どこのだれからのどのような依頼メールなのかわかる件名をつけましょう。

承諾の返事が来たら、面会の日取りと時間を相談することになります。何度かメールのやりとりをする必要があるかもしれません。断られても、あきらめずに「どなたか相談できる先生を紹介していただけませんか？」と聞いてみましょう。あなたのやりたいことにもっと近い研究をしている人を紹介してもらえるかもしれません。会ってくれる大学教員が見つかるまで探し続けましょう。

(3)大学教員に面会する

大学教員を訪問する目的は、問題意識の掘りさげを手伝ってもらい、読むべき本を教えてもらい、必要なら他の大学教員を紹介してもらうことです。決して「答えを教えてもらう」ことではありませんから、まちがえないでくださいね！

面会には、**目標規定文を持参しましょう**。きっと、あれこれ質問されます。質問に答え、大学教員と対話をすることによって、問題意識が深まり、自分では思いつかなかった**新しいキーワード**を見つけることができるはずです。そうして見つけたキーワードを使い、インターネットや図書館で資料を検索することになります。

そして、**最初に読むべき本**は何なのか、どういう資料

をどこで探せばいいのかについて、アドバイスをもらいましょう。大学教員が本を見せてくれたら、勇気を出して「貸していただけますか？」と聞いてみましょう。

貸してもらえれば、本を返しにその大学教員を再び訪問することができます。また本を借りることができれば、また返しに行けます。こうして、**大学教員との学問的なおつきあいが始まります**。

訪ねて詳しい話をした結果、「私の専門じゃないね」と言われることもあるでしょう。そのときには「どなたか、アドバイスをもらえそうな先生を紹介してください」と頼みましょう。できれば、その先生のメールアドレスも教えてもらいましょう。さらに、「面会の申し込みをするメールを出すときに、先生の御紹介と書いてもいいですか？」と聞きましょう。「いいですよ」と言ってもらえれば、紹介してもらった大学教員に面会申し込みメールを出す際、メールの書き出しのところに「○○先生の御紹介で」と書くことができます。そう書くことができれば、会ってもらえる可能性が高まります。

D 大学教員訪問は、とても有意義

高校時代にこのような体験をしていると、受験したい大学選びにも役立ちます。自分の研究を通して大学教員とおつきあいしてみることを、高校生の皆さんには強くお勧めします。

大学生の皆さんは、積極的に教員を訪ね歩いておつき

あいしてください。授業やゼミ以外での教員とのおつきあいが増えると、大学生活は一層充実します。

> **研究の基礎技術 20**
>
> 積極的に大学教員を訪ねて、
> - 一緒に**問題意識**を掘り下げよう。
> - 読むべき**本**を教えてもらおう。
> - 訪ねるべき**研究者**を紹介してもらおう。

第3章
研究レポートを書く

この章のポイント

◆ **誠実な書き方**を身につける
  - 出典を明記する
  - 忠実に引用する
  - 適切にパラフレーズする

◆ **論理的な書き方**を身につける
  - ハッキリ述べる
  - シッカリ支える
  - スッキリ並べる

◆ **研究レポートの組み立て方**を身につける
  - パラグラフをつくる
  - パラグラフから節、節から章をつくる
  - 節と章をスッキリ並べる

◆ **研究レポートの形式の整え方**を身につける
  - ふさわしいタイトルをつける
  - 見やすい引用文献一覧をつける
  - Google ドキュメントで形を整える

★ 上手なプレゼンテーションができるようになる

1 どこまでも誠実に書くために

A 出典を明記する

第1章では、マクファーレンの著書(Macfarlane 2009)に基づいて、インテグリティを持って研究することができるようになるためには、6つの良い習慣(徳)が身についている必要があるのだと述べました。

研究レポートとは、**正直にありのままの結果を見せ、謙虚に成果をまとめ**、全体をふりかえって**反省**するために書くものです。つまり、研究レポートを書く際にも、インテグリティが求められるのです。

書く段階で特に大切になるのは、相手を**人間として尊重する**ことと、**正直である**ことの2つです。尊重しなければならない相手は、引用したり言及したりしている文献の著作者です。正直でなければならないのは、**文章の書き手はだれかという点**についてです。

(1)正直に文章の著作者を明かす

研究レポートの本文中では、他人の作成した資料や文書の記述を借用します。その際、だれの記述をどこから借用したかを必ず示さなければなりません。これを**出典明記**と呼びます。

これを怠ると、著作権の侵害となるばかりでなく、データやアイディアの盗用と見なされます。つまり、ドロ

ボーになってしまうのです。ドロボーは犯罪ですよね。コピペは文章ドロボーだから、してはいけないのです。

　他人の文章をコピーしたからコピペが文章ドロボーになるのではありません。そうでなくて、だれの文章をどこからコピーしたかを示さずに自分の文章に紛れ込ませ、いかにも自分の文章であるかのように見せるから文章ドロボーになってしまうのです。

　盗む気はなかったという弁解は通用しません。たとえわざとでなくても、うっかりミスでも、結果として、他人の文章を自分の文章であるかのように見せてしまったら、それは研究の世界ではドロボーと同じことであり、絶対に許されないことなのです。高校生や大学生の研究レポートであっても、そうです。

　他人の文章をコピーして使っても、きちんと**出典明記**がなされていれば、自分以外のだれかの文章であることは明らかなので、文章ドロボーにはなりません。ここのところを、しっかり覚えてください。

(2)著作者を尊重するために出典を明記する

　出典を明記するのはドロボーにならないためだけではありません。出典を明記することを英語では"credit the source"（出典をクレジットする）と言います。これには「功績を認める」という意味が含まれています。資料をつくった功績、文章を書いた功績を尊重するために、だれがどこに発表したのかを明示するのです。

　出典を明記する義務は、他人の資料や文章を直接利用

する場合だけではなく、自分の言葉で要約して論述する場合にもあります。むしろ、要約して間接的に言及するときこそ出典を明記することが不可欠となります。そのやり方は、後に詳しく説明します。

(3)出典明記のやり方

　まず、引用文献一覧と組み合わせて本文中には(著者姓　出版年：ページ)を記すハーバード方式による出典明記の方法を解説します。基本型は、次のとおりです。

　　…。広河隆一によると〜である(広河 1987：102-103)。

　他人の著作に基づいて書いた文はすべて必ず出典を明記してください。(著者姓　出版年：ページ)を文末につけなくていいのは、自分で独自に書いた文だけです。言い換えると、(著者姓　出版年：ページ)が句点「。」の前に入っていなければ、その文は自分の作文だと宣言していることになります。
　なお、同じ著者による同じ年の出版物が2つ以上あるときは、(著者姓　出版年a：ページ)、(著者姓　出版年b：ページ)のように、出版年のあとに小文字のアルファベットをつけて区別します。引用文献リストでも同様です。出版年が不明の場合はn.d. と書きます。本の扉やウェブサイトなど、ページが付いていないものについては(著者姓　出版年)のみ示します。

> **研究の基礎技術 21**
> 他人の作成した文章や資料を利用するときは、**出典明記**を忘れずに！

B 他人の文章を引用する

　引用したい文が短い場合（通常3行以内）は、カギカッコ「　」で囲んで本文に埋め込みます。なお、引用したい原文中にカギカッコ「　」が既に使用されているときは、引用文中ではこれを二重カギカッコ『　』に置き換えます。広河隆一の『パレスチナ』（広河1987）から

　　このとき私をとらえた言葉は、ユダヤ人哲学者マルチン・ブーバーによる、社会主義の「失敗していない企て」というものだった。

という部分を引用したいときは、次のようにします。

　　広河隆一は「このとき私をとらえた言葉は、ユダヤ人哲学者マルチン・ブーバーによる、社会主義の『失敗していない企て』というものだった」（広河1987: 1）と書いている。

　引用文が長文の場合（通常4行以上）は、行頭を2字さ

げ、引用文の前後に空白行を1行入れて、別段落にします。このときは、原文中のカギカッコはそのままです。

　広河隆一は、以下のように述べている。

　　サブラ大通りで、瓦礫とともにぐしゃぐしゃに砕けた男の死体が二つあった。その先に杖のころがったわきで、手を胸のところに固く握りしめる老人が一人、その近くのもう一人の老人の体の下からは、安全ピンを抜いた手榴弾が見えた。この死体にふれると爆発する仕掛けになっていると理解するまで、かなりの時間がかかった。(広河1987：102)

　この記述を読んで……

　この例では、「広河隆一は、以下のように述べている。」は本文の一部です。その下に、1行空け、2字さげで、引用文が5行あり、さらに1行空けて、2字さげを止めて、再び本文「この記述を読んで……」に戻っています。
　また、上の例のように引用段落中に文が複数（句点「。」が2個以上）ある場合、出典を示すカッコ書きは最後の文の句点のあとに置きます。引用段落全体の出所が(広河1987：102)だと示すためです。最後の文の句点の内側に入れると、その文だけが(広河1987：102)からの

引用ということになってしまうので注意してください。

引用は長くても 10 行以下に抑えたほうがいいでしょう。会話の詳細がデータとして重要であるなど、よほどの必要性がない限り、10 行を超える引用は避けましょう。

長い文章を引用したいという場合は、パラフレーズ(自分の言葉で言い換えて要約)しましょう。そのやり方を、次に説明します。

なお、引用は、原文に一字一句まちがいなく照応していなければなりません。原文に明らかな誤字や誤植がある場合でも、修正することなく原文通りに引用します。誤りに気づいていることを示したければ、誤りの部分に「ママ」とルビを振ります。

Ⓒ 他人の文章をパラフレーズする

「パラフレーズする(動詞の paraphrase)」とは、他人の著作の内容を、自分がどう理解したか、自分の言葉で述べることです。本 1 冊まるごとパラフレーズすることもあれば、数ページの記述をパラフレーズすることも、数行の文章をパラフレーズすることもあります。

パラフレーズするには、次のような手順を踏みます。

① パラフレーズしたい部分を何度も読み、しっかりと頭に入れる。
② 頭に入った内容を、だれかに説明するつもりで、

口に出して言ってみる。本当に納得できるまで、何度も言い直してみる(できれば友人に聞いてもらい、理解してもらえるまで何度も表現し直す)。
③ 自分の言葉で、自分なりの説明ができたと思えたら、それを論文の文章として書き出してみる。**基本型**は「著者は、…と述べている(出典)」または「著者によると、…である(出典)」である。
④ 自分の書いた文章を原文と見比べ、原文の内容が正確に伝わっていることを確認する。
⑤ 使われている単語や文の構造は原文とは大きく異なり、自分の書いた文章が決して原文に似ていないことを確認する。心配なら友人に読んでもらう。

パラフレーズした結果できあがった文章も、パラフレーズ(名詞の paraphrase)と呼ばれます。

パラフレーズは、自分の言葉による自分の文章ですから、「　」に入れる必要はないし、引用であることを示すために段落を変える必要もありません。ただし、パラフレーズの末尾に元の文章の出典を明記することを忘れてはいけません。出典明記を怠ると、盗用になってしまいます。なぜなら、パラフレーズは、あくまでも他人の文章に基づくもので、そこに表明されたアイディアは元々他人が考え出したものだからです。

文の末尾に何も出典を示さなければ、その文は完全に自分独自のアイディアだということになります。文の末尾に出典が示されていれば、その文は他人のアイディア

をパラフレーズしたものだということになります。

(1)自分の言葉で言い換えて要約する ・・・・・・・・・・・・・・・・・

それでは、パラフレーズの練習をしてみましょう。まず、次の文章を何度も読んでみてください。

> 技術を見る思想は多様である。人がごく普通にいだきそうな考えは、技術はある目的を遂げるためのたんなる手段だというものであろう。この考えは、技術の「道具説」と言われる。この説の支持者はしばしば、技術の善し悪しが問われる場合、悪いのは(たとえば殺傷という)目的であって、目的と使い方によっては善く働くこともあるのだから、技術という手段に本質的に罪はないと考える。(佐々木 1996: 108-109)

文章が頭に入ったら、この文章を見ずに、著者が言おうとしていることを自分の言葉で説明してみましょう。

ⓐ 佐々木力は、技術は道具に過ぎず、善い目的のためにも悪い目的のためにも使われることがあるのだから、技術それ自体の善悪は問えないという考え方があると述べている(佐々木 1996: 108-109)。

これなら、原文とは**全く違う文章**で、原文の趣旨を忠実に表現していますね。これが、パラフレーズするとい

(2)自分なりの補足説明を加える

さらに、次のような補足説明を加えてもいいかもしれません。

ⓑ 要するに、包丁は使いようということだ。包丁でおいしい刺身を作ることもできれば、同じ包丁で人を殺すこともできる。人殺しに使われたからといって包丁が悪いとは言えない。悪いのは殺人者だからだ。

ここで、包丁はそうかもしれないが、銃はどうだろうという疑問がわきませんか？ 銃を善い目的に使うということはあるのでしょうか？ 銃も、道具に過ぎず、その善悪は問えないのでしょうか？

こうした疑問がわくのは、包丁という具体例を使った効果です。文章を理解するには、自分なりの具体例を見つけることが、とても大切です。

(3)パラフレーズに直接引用を含めるには

話をパラフレーズに戻しましょう。原文で「 」に入っている道具説という言葉はおそらく専門用語ですから、直接引用を用いて次のように書くべきです。

ⓒ 佐々木力は、これを「技術の『道具説』」(佐々木 1996: 108)と呼んでいる。

(4) 自分独自の要約を完成させる

それでは、ⓐ〜ⓒをまとめてみましょう。

> ⓓ 佐々木力は、技術は道具に過ぎず、善い目的のためにも悪い目的のためにも使われることがあるのだから、技術それ自体の善悪は問えないという考え方があると述べ（佐々木 1996: 108-109）、これを「技術の『道具説』」（佐々木 1996: 108）と呼んでいる。要するに、包丁は使いようということだ。包丁でおいしい刺身を作ることもできれば、同じ包丁で人を殺すこともできる。人殺しに使われたからといって包丁が悪いとは言えない。悪いのは殺人者だからだ。これが「道具説」の主張だ。

これで、佐々木力の原文をパラフレーズしたうえで、重要なキーワードは直接引用し、さらに自分の思いついた具体例を含む解説を加えた「自分独自の文章」ができあがりました。しかも、パラフレーズのもとになった文献と参照したページ、直接引用した語句の出所をきちんと明記しています。

これならコピペにはなりません。それどころか、**他人のアイディアを適切に説明する文章**になっています。

⑸ パラフレーズにならない例

a. 原文の微修正

　注意してほしいのは、原文の「です、ます」を「である」に直しただけとか、原文中の単語をいくつか別の単語に置き換えただけで文章構造は全く同じというのでは小細工を施したコピペに過ぎず、パラフレーズしたことにならないということです。

b. 原文の切り貼り

　他人の著作をパラフレーズするときは、くれぐれも原文を切り貼りして縮めようとはしないでください。高校や大学受験での現代国語の答案ならそれでもよかったかもしれませんが、研究レポートでそのようなことをすれば、たとえ出典を明記していたとしても盗用になります。

　たとえば、次のような文章は、**許されない**コピペになってしまいます。

ⓔ　技術を見る思想は様々だが、普通いだきそうな考えは、技術はある目的を遂げるためのたんなる手段だという技術の「道具説」だろう。この説の支持者は、目的と使い方によって技術は善く働くこともあるのだから、技術という道具に罪はないと考える。（佐々木 1996: 108-109）

　省略と少しばかりの言い換えがあるとはいえ、下線部は原文と全く同一です。これではパラフレーズしたとは

言えず、盗用になってしまうのです。

c. 現代国語の試験とは違う！

ⓔは、現国の試験なら、模範的な要約になりそうですね。それは、試験の目的が、問題文中のポイントを正確に把握しているかどうかを見ることであって、自分なりの理解に達しているかを見ることではないからです。

しかし、研究レポートでは、自分なりの理解がどういうものかを示すことが最も重要なので、著者の言葉そのままの引用ではダメなのです。単に読んだだけでなく、本当に内容を理解しているのだということを示すには、自分の言葉で語り直すしかありません。そして、その証拠として原文中にはない具体例を追加して説明してみせることが求められるのです。

(6) 直接引用をつなげるやり方もある

ⓔのような文章を書くくらいなら、すべて直接引用とすべきです。たとえば、次のような形が考えられます。「…」は途中を省略しているということを示す記号です。

ⓕ 佐々木力によると「技術を見る思想は多様」だが「技術はある目的を遂げるためのたんなる手段だという…技術の『道具説』…の支持者はしばしば、…悪いのは（たとえば殺傷という）目的であって、目的と使い方によっては善く働くこともあるのだから、技術という手段に本質的な罪はないと考える」(佐々

木 1996: 108-109)。

　こうすればコピペにはなりません。原文はすべてそのまま「　」に入れてあるからです。出典も明記していますから、盗用にならずに済みます。「データ抜き書き集」ファイルに書き込む際には、このように原文に忠実なほうがいいでしょう。

(7)パラフレーズは読みやすい文に

　しかし、ⓕは読みづらい文章ですよね。なので、研究レポートの本文では、このような引用は避けて、自分の言葉でパラフレーズしてください。
　1冊の本を1行にパラフレーズすることもあります。

ⓖ　デュルケームによると、経済の分業は社会の「有機的連帯」を生み出す(デュルケーム 1989)。

　このように、本全体の内容をパラフレーズした場合は、(　)内にページを書く必要はありません。論文や記事をまるごとパラフレーズした場合も同様です。
　パラフレーズは自分なりの理解を自分の言葉で表したものですから、模範解答はありません。どう理解するかは、人それぞれです。ⓐもⓓもⓖも、1つの例であって、模範的なパラフレーズというわけではありませんから、注意してください。
　パラフレーズができるようになると、コピペなどした

いとも思わなくなります。読んだ内容を自分の言葉で表現できるようになるからです。よく練習して、パラフレーズのわざをみがいてください。

> **研究の基礎技術 22**
> 他人の文章をパラフレーズするときは、自分独自の単語と文体を用いる。

2 どこまでも論理的に書くために

A ハッキリ述べる

　論理的に書くうえで一番大切なのは、ハッキリ述べることです。第1に、決してぼかさず、ハッキリ**言い切る**必要があります。そして第2に、使う言葉の意味をハッキリ**定義**しなければいけません。

(1) ハッキリ言い切る

　明快に断言する文章を書きましょう。基本型は、以下の通りです。[　]の部分はあってもなくてもかまいません。

　　○○は××である(ではない)。[ただし、〜の場合を除く。]

　ぼかし表現や婉曲表現を実証的な研究レポートで使ってはいけません。あいまいさは論理の敵です。
　ぼかし表現の代表として、「〜と思われる」や「〜と言えよう」があります。婉曲表現としては、「〜ではないだろうか」などがあります。自信がないばかりに「〜ではないだろうかと思われる」などと書いてしまったら、バックスペースキーを使って消去してくださいね！
　そんなにスパッと言い切っていいのだろうか、例外が

あったらどうしようと、不安になるかもしれません。

　しかし、たとえ例外があっても「○○は××である（ではない）」とハッキリ言い切っていいのです。「例外のない規則はない」のですから。ハッキリ言い切ったうえで、どのような例外があるのか補足します。それが「ただし、〜の場合を除く」という部分です。

　「殺人は犯罪である」というのは、まちがいではありませんね？　しかし、正当防衛は例外として無罪になりますから、「ただし、正当防衛の場合を除く」という限定がつきます。

　このように、ハッキリ言い切ってから例外を示すという書き方を身につけてください。

　例外があるかどうかわからなければ、「私のデータが示す限り、○○は××である（ではない）」と書きます。

　もしあとでだれかが例外を示す新しいデータを見つけたとしても、それであなたの主張がまちがいだったということにはなりません。あなたの主張の当てはまる範囲が以前より少し狭くなったというだけのことです。

　データが足りなくて十分な記述ができないときには、そのことをハッキリ本文中で書きましょう。わからないことを正直に書いて、自分の記述の限界をハッキリ示すようにしてください。わからない部分があることだけはわかっているという場合には、そのことを脚注で指摘するといいでしょう。ああ時間切れでそこまではできなかったんだなと、読み手に理解してもらえます。

(2) ハッキリ定義する

「歩きスマホ」という言葉を聞いたら、どんな行為を想像しますか？　スマホを眺めながら歩いている人でしょうか？　スマホを見ながら自動車を運転している人はどうですか？　歩行者が持っているのが大きなタブレットだったら「歩きスマホ」になりますか？

似たような言葉に「ながらスマホ」があります。これには歩きスマホも含まれるでしょうが、食事しながらのスマホ操作や授業中のスマホ操作も含まれませんか？

このように、言葉の意味する範囲はハッキリしないのが普通です。

研究レポートでは、意味する範囲がハッキリしない言葉をキーワードにすることはできません。もしも歩きスマホが研究トピックなら、その意味する範囲をハッキリさせる、つまり**定義**する必要があります。定義の基本形は、次の通りです。

　　○○とは、〜ことと定義する。

例　歩きスマホとは、スマートフォンやタブレット、携帯電話を操作しながら、駅構内や道路など多くの人が行きかう公共の通路を歩くことと定義する。

このように定義したら、ゲーム機を操作しながら歩いている人や、オーディオ機器を身につけて音楽を聞きながら歩いている人は、あなたの研究からは除外されるこ

とになります。また、「多くの人が行きかう公共の通路」に限定しましたから、多くの人が行きかっていても、公園や海水浴場、プールなどは除外されます。

どのように定義すればよいかは研究の内容次第ですが、**定義の目的**は、言葉の意味する範囲について研究レポートの書き手と読み手の間に**共通理解**をつくりあげることです。同じ言葉が何を意味するのか、書き手と読み手で認識が違っていたら、話が通じないでしょう。読み手に誤解されないように、キーワードを定義するのです。

なお、定義は好き勝手にできるものではありません。研究者の間で広く用いられている定義がある場合は、それを使います。資料を集めながら、いろいろな研究者の論文や本を読んで勉強し、代表的な定義を見比べて最終的に自分なりの定義をするようにしてください。

B シッカリ支える

パワーアップ・レッスン1で述べたように、論理的であるとは、第1に理由が明示されていることであり、第2に**理由が根拠づけられている**ということです。したがって、実証的な研究レポートでは、理由をシッカリ示し、理由をデータでシッカリ根拠づけることが求められます。

(1) 理由をシッカリ示す

ハッキリ言い切ったら、次はその**理由**を示さなければなりません。基本形は次の通りです。

○○は××である(ではない)。なぜならば、～～か
　　らである。

例　公共の場での喫煙は全面的に禁止すべきである。な
　　ぜならば、喫煙者の発するタバコの煙が周囲の非喫
　　煙者にも危害を加えるからである。

　理由は、1つより2つ、2つより3つのほうがシッカ
リさの程度が増します。理由もこれでもか方式で並べま
しょう。基本型は、次のようになります。

　　　○○は××である(ではない)。なぜならば、第1に
　　～～であり、第2に～～であり、第3に～～であり、
　　…からである。

(2)理由をデータでシッカリ根拠付ける･･･････････

　しかし、まだこれだけではシッカリさが足りません。
次に、それぞれの理由がデータに裏付けられているかが
問題になるからです。
　本当に、喫煙者の発するタバコの煙(副流煙)は周囲の
人にとって有害なのでしょうか？　本当は害などないの
に、タバコの臭いが嫌いだから煙に害があると言ってい
るだけではないでしょうか？
　こうした疑問に、データを示して答えることが求めら
れます。それが、理由をデータでシッカリ根拠づけると
いうことです。

理由を述べたら、次に**理由を根拠づけるデータ**を並べます。基本形は次の通りです。

　　〜〜であることは、〜〜〜〜という○○のデータが示している（出典）。

タバコの副流煙の例では、次のように書くことになるでしょう。

　　喫煙者の発するタバコの煙が周囲の非喫煙者にも危害を加えることは、タバコを吸わない女性の肺がんによる死亡数が、夫がタバコを吸わない場合に比べ、夫が過去にタバコを吸っていたり今でも一日1〜19本吸っていたりする場合は1.61倍、夫が一日20本以上吸っている場合は2.08倍になるという平山雄のデータが示している（Hirayama 1981: 183-184）。

理由を根拠付けるデータも、1つより2つ、2つより3つのほうがシッカリさの程度が増します。

自分は吸わなくても周囲の人の吸うタバコの煙を吸わされてしまうこと（受動喫煙）が肺がんにかかる危険を高めるというデータを平山雄が示して以来、受動喫煙については多くの実証的な研究が行われていますから、今では膨大なデータが集まっています。受動喫煙について実際に研究レポートを書くとしたら、そのすべてを示す必要はありませんが、代表的な研究や最新の研究からデー

タを引用することになります。

さらに、今では直接タバコの煙を浴びなくても、衣服に付着した有害物質を吸うこと(三次喫煙)の危険性も指摘されています(Ballantyne 2009)。これも広い意味での受動喫煙ですから、受動喫煙は有害だということを根拠付けるデータとして引用できますね。

理由をデータで根拠付けるときも、これでもか方式でシッカリ理由を支えなければいけません。その基本型は、次の通りです。

　　〜〜であることは、第1に〜〜、第2に〜〜、第3に〜〜、…というデータが示している。

具体的な見本は、「5. 本論を書く」でパラグラフについて説明する際に示します。

C　スッキリ並べる

最後に、論理的に書くために大切なのは、寄り道したり、よけいな話をしたりせずに、一直線に最短距離で結論に到達することです。ゴチャゴチャ話がこんがらがっていては、論理的ではありません。議論を一直線に進めましょう。

(1)順序よく並べる

そのためには、先に述べておかなければいけないこと

をあとまわしにしないことが大切です。

　たとえば、この本は「研究をはじめる前に」→「研究を進める」→「研究レポートを書く」という順番に書いていますが、それは研究レポートを書くまえに研究が進んでいなければならず、研究を進めるまえに研究とはどういうものかを知っておいてもらわなければならないからです。

　そんなのあたりまえじゃないかと思うでしょうが、あたりまえのことが意外とできないものなのです。自分では順序よく書いているつもりでも、そうなっていないことがよくあります。何度も原稿を読み直して、話が順序よく進んでいるかどうか確認してください。

(2)よけいな話は削る

　データ集めをしていると、関係ないが興味深いデータをいくつも見つけることでしょう。また、関係があるかないかすぐには判断できないデータにも出会います。そういうときには、とりあえず「データ抜き書き集」ファイルに書き込んでおきます。

　そのため、結果として使えないデータがたくさん手元に残ります。せっかく集めたのにもったいない、なんとか使えないかという気持ちになります。

　しかし、どんなに興味深いデータでも、どんなに苦労して入手したデータでも、よけいな話にしかならないとしたら、議論をスッキリ進めるために、バッサリ切り捨てなければいけません。

(3)つながりを明確にする

　文と文のつながりをスッキリ論理的にするために、接続詞の使い方に注意が必要です。

　「だから」という**順接**の接続詞は、まえの文があとの文の原因または理由となっていることを示します。「雨が降っている。だから湿っぽい」と言えば、雨が原因で湿度が上がっていることを示していますね。これなら、話は論理的に進んでいます。雨降りなら湿度が上がることは予想どおりだからです。

　順接の接続詞としては、他に「それで」、「そのため」、「そこで」、「それゆえ」、「したがって」などがあります。

　「雨が降っている。だから空気はカラッとしている」と言ったら、なんだか変ですよね。カラッとしているとは湿度が低いということですが、その原因が雨降りであるとは考えられません。

　「雨が降っている。しかし空気はカラッとしている」なら少しも変ではありませんね。「しかし」は、まえの文とは逆のことを次に述べると予想させる**逆接**の接続詞だからです。カラッとしているというのは、雨降りから予想されることとは反対の結果です。

　逆接の接続詞には、「だが」、「ところが」、「にもかかわらず」などがあります。

　「また」や「ならびに」のように並列を示す接続詞は、まえの文とあとの文が入れ替え可能な関係にある、つまり、どちらを先に述べても文章の意味は変わらないことを意味します。まえの文とあとの文を入れ替えたら話の

筋が変わってしまうようなら、「また」や「ならびに」でつなげてはいけないことになります。

　「なぜなら」や「というのは」のように**説明**を示す接続詞は、あとの文がまえの文の原因または理由になっていることを意味します。「湿っぽい。なぜなら雨が降っているから」と言えば、湿っぽさの原因は雨降りだということになります。

　一番困るのは、「さて」とか「ところで」といった**転換**の接続詞で文と文が結びつけられている場合です。転換の接続詞は、どこへ話が続くのかを明らかにしません。まえの文とあとの文の関係が順接なのか逆接なのか並列なのか対比なのか説明なのかわからないわけです。これは、論理的な話の進め方ではありません。ですから、転換の接続詞が必要となるような文を並べてはいけません。注意してください。

研究の基礎技術 23

論理的に書く基本は、
- ハッキリ言い切り、
  ハッキリ定義し、
- シッカリ理由を示し、
  シッカリ理由をデータで根拠付け、
- スッキリ順序よく並べ、
  スッキリよけいな話は削り、
  スッキリつなげること！

3 研究レポートの組み立て方を知る

A 研究レポートには形式がある

　研究レポートは、序論、本論、結論という3部構成の形を取ります。**序論**では、問いを立て、答えとその理由を予告します。**本論**では、答えの理由と、理由を根拠付けるデータを並べます。**結論**では、自分の答えを批判的に考察したうえで、最終的な答えを出し、残された課題を示します。そして最後に、**引用文献一覧**をつけます。引用文献一覧では、本文中で引用または言及したすべての文献資料に関する書誌情報を正確に示します。

　これが、実証的な研究レポートの基本的な形式です。大学の卒業論文を含め、すべての実証的な学術論文はこの形式に従って書くことになっています。ですから、最初からこの形式で書く練習をしてください。

B なぜ研究レポートには形式があるのか

　この形式に従うのは、これが一番読みやすく一番誤解されない研究成果の見せ方だからです。多くの人々に通じるように研究成果を示す最適の形式が、序論・本論・結論＋引用文献リストなのです。

　研究レポートとは、広く一般の人々に向けて、こういう問いを立てたら、こういう答えが出せますよ、その理

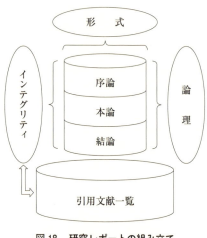

図18　研究レポートの組み立て
（出所）筆者作成

由はこうですよ、そして理由の根拠となるデータはこれだけありますよということを、この順番にスッキリ示すものなのです。

　もちろん、高校生や大学生の書く研究レポートを読むのは、多くの場合、指導する教員だけかもしれません。しかし、教員の役目は、多くの人々の代表として研究レポートを読むことです。そして、多くの人々に通じるように書かれているか、インテグリティをもって論理的に書かれているかを基準に成績をつけます。

　研究レポートの読み手は、**序論**で書き手の問いと答えを頭に入れたうえで、答えの理由とそれを根拠付けるデータがどの程度シッカリしているかを確かめるために**本**

論を読み、書き手の示したデータに基づいて自分なりの判断を下します。そして、自分なりの判断を頭に入れたうえで書き手の**結論**を読んで、頭のなかで書き手と対話します。このように読まれるのだということを忘れずに、研究レポートの文章を書いてください。

Ⓒ 「下書き」ファイルを3種類つくる

Google ドライブに「序論下書き」、「本論下書き」、「結論下書き」という名前のファイルをつくって、研究レポートの下書きづくりをはじめます。

序論の材料になるのは目標規定文です。「目標規定文」ファイルをコピーして、ファイル名を「序論下書き」に変えて保存し、そのファイルを編集します。

本論の材料は「データ抜き書き集」ファイルにためたデータです。からっぽの「本論下書き」ファイルをつくり、そこに「データ抜き書き集」ファイルからデータをコピーしたり並べ直したりしながら、データが何を語っているかを文章にしていきます。

結論は**書きおろす**ことになります。からっぽの「結論下書き」ファイルをつくり、そこに新しく文章を書き込んでいきます。

4 序論を書く

A 問題を設定する

　序論の最初の部分では、研究レポートの目標を明らかにします。注目する小さなトピックは何か、考えたい大きなテーマは何か、どのような問いを立て、どのような答えを出そうとするのかを、ハッキリと表明するのです。

　具体的には、**目標規定文**の①〜④までの部分(78ページ参照)を書き直して作ります。79〜80ページに示した目標規定文の例を使って、書き直し方を説明します。

ⓐ　　このレポートの目的は、**①数学科の女子学生の少なさに注目し、②固定的性別役割分担意識の影響について考えることである。そのために、③数学を専攻する女子学生が少ないのは数学が女性役割に含まれないからではないかという問いを立て、④女性の持つ固定的性別役割分担意識が専攻の選択に与える影響について検証する。**

　79〜80ページの目標規定文との違いは、④の部分だけです。目標規定文では「その答えはイエスであると予想し」と書きましたが、ここでは「女性の持つ固定的性別役割分担意識が専攻の選択に与える影響について検証」と書き直しています。その理由は、これから本論で

行うのは、「女性の持つ固定的性別役割意識が専攻の選択に与える影響」に関して、数学専攻と他専攻との比較を可能にするデータを提示することだからです。問いに対する答えがイエスなのかノーなのかは、序論の最後の部分で明らかにします。

B　キーワードを定義する

　次に、問題を設定する際に使用した**キーワード**を**定義**します。既に述べたように、論理的に話を進めるには、キーワードの意味する範囲について読み手と共通理解をつくりあげる必要があります。

　上の例で定義が必要なキーワードは「固定的性別役割分担意識」です。これは、内閣府男女共同参画局の文書に出てくる言葉です。

　そこで、内閣府男女共同参画局のウェブサイトで文書を探すと、「第4次男女共同参画基本計画」というページに「用語解説」というpdfファイルが掲載されており、「固定的性別役割分担意識」について次のような解説があります。

> 　男女を問わず個人の能力等によって役割の分担を決めることが適当であるにも関わらず、「男は仕事・女は家庭」、「男性は主要な業務・女性は補助的業務」等のように、男性、女性という性別を理由として、役割を固定的に分ける考え方のこと。(内閣府

男女共同参画局 n.d.: 1）

　この解説を引用して「固定的性別役割分担意識」を定義すると、次のようになります。

ⓑ　　ここで、固定的役割分担意識とは「男性、女性という性別を理由として、役割を固定的に分ける考え方のこと」（内閣府男女共同参画局 n.d.: 1）と定義する。たとえば、「数学は男性、国語は女性」と性別で特性が決まっているといった意識である。

　内閣府男女共同参画局の解説の一部を使って定義し、研究レポートの小さなトピックと大きなテーマに合わせて具体的に補足を加えています。キーワードが複数あるときは、それぞれ適当な文献を引用したうえで、自分なりにハッキリ定義しください。
　いったんキーワードを定義したら、ふらふらせずに、一貫して自分の定義に忠実に議論を進めてください。書き進めるうちにいつのまにか定義が変わっているなどということのないよう、十分気をつけましょう。

Ⓒ 研究の動機を説明する

　3番目に、問題設定の動機を説明します。高校生や大学生の研究レポートでは、動機は個人的な興味関心でしょう。上の例については、たとえばこんな感じです。

ⓒ　このトピックとテーマを選んだ理由は、高校時代の体験にある。同級生に数学の得意な女子がいたのだが、なぜか文学部を受験した。不思議に思って聞いてみると、「だって女だから、大学で数学なんて無理だと思って」という答えが返ってきた。彼女は、先生が授業中に検算を頼むほど数学の成績は抜群だった。理系志望の男子より優秀だった。それなのに数学科は選ばなかったのだ。そこで、固定的性別役割意識と専攻選びの関係を調べたいと考えた。

　大学の卒業論文などでは、こうした個人的な動機に加えて、**より学問的な動機**も求められます。しかし、高校生や、まだ専門の勉強をはじめるまえの大学生の場合は、個人的な興味関心だけで十分です。

Ｄ　研究の方法を説明する

　4番目に、どうやって研究したのか、自分が資料集めに使った**方法**を書きます。

　目標規定文の⑤では、どのような事実をどうやって集めるかについて予定を簡単に書きました。これを下書きに、序論では実際にどこでどのように資料を集めたのかを書くことになります。どこの図書館で何を見つけたのか、どこのウェブサイトから何をダウンロードしたのか、具体的に列挙しましょう。教員に借りた資料があれば、どこのだれから得たどのような資料か書いてください。

ⓓ 　　固定的性別役割意識については、内閣府男女共同参画局のウェブサイトにて、男女共同参画社会に関する各種世論調査を収集した。学部別の女子学生比率については、文部科学省のウェブサイトにて、学校基本調査など統計資料を収集した。また、講談社の出版する『Rikejoマガジン』を収集し、その記事の内容を分析した。そのほか、理系大学生の進学動機に関する調査研究、数学学習意欲や数学嫌いに関する調査研究を幅広く収集した。

80ページの目標規定文⑤では、「**固定的性別役割分担意識の現状、女子学生の専攻選択の実態、女子学生の志望動機に関する事実を集める**」と書きましたが、この方針に沿って、具体的に何をしたかを書いたわけです。

E　レポートの構成を説明し、結論を予告する

最後に、本論の各章で何をするかを簡潔に説明し、立てた問いにどのような答えを出すかを予告します。

ⓔ 　　以下、第2章では固定的性別役割分担意識が依然として根強い現状を明らかにし、第3章では女子高校生の学部学科選択の実態を明らかにし、第4章では女子高校生の進路選択と志望動機の決定要因を検討する。結論では固定的性別役割分担意識が女子高校生の進路選択と志望動機に大きな影響を与え、彼

女たちの学問的な関心を狭めていることを論じる。

　この例では、第2章から第4章までが本論となります。もちろん、研究トピックと研究テーマによって、また得られたデータの質と量によって、本論が何章になるかは変わってきます。

　80ページの目標規定文⑥では「**女性の持つ固定的性別役割分担意識は学問的な関心を狭めるという知見を得ることが期待できる**」と書きましたが、資料を集めてデータを分析した結果、最終的に「固定的性別役割分担意識は学問的な関心を狭めている」という結論が出せると考えたら、ここでハッキリそう予告します。

　本論の道筋を明らかにし、結論を予告することで、レポートの読み手は、本論が示すデータと、それが裏づける理由とが、本当に予告された結論を支持するかどうかを考えながら読み進めることができます。この最後の部分は、**読み手の道案内の役割を果たすのです**。

F　序論は研究レポート全体の見取り図

　序論は研究レポート全体の要約です。序論だけ読めば、何を目的に、どのような資料を集め、どのような結論を出したのかがわかるようになってなければなりません。
　それでは、これまで用いた例ⓐ～ⓔをつなげて、序論全体の例を示しましょう。

ⓐ 問題の設定

　このレポートの目的は、数学科の女子学生の少なさに注目し、固定的性別役割分担意識の影響について考えることである。そのために、数学を専攻する女子学生が少ないのは数学が女性役割に含まれないからではないかという問いを立て、女性の持つ固定的性別役割分担意識が専攻の選択に与える影響について検証する。

ⓑ キーワードの定義

　ここで、固定的役割分担意識とは「男性、女性という性別を理由として、役割を固定的に分ける考え方のこと」（内閣府男女共同参画局 n.d.：1）と定義する。たとえば、「数学は男性、国語は女性」と性別で特性が決まっているといった意識である。

ⓒ 動機の説明

　このトピックとテーマを選んだ理由は、高校時代の体験にある。同級生に数学の得意な女子がいたのだが、なぜか文学部を受験した。不思議に思って聞いてみると、「だって女だから、大学で数学なんて無理だと思って」という答えが返ってきた。彼女は、先生が授業中に検算を頼むほど数学の成績は抜群だった。理系志望の男子より優秀だった。それなのに数学科は選ばなかったのだ。そこで、固定的性別役割意識と専攻選びの関係を調べたいと考えた。

　固定的性別役割意識については、内閣府男女共同参画局のウェブサイトにて、男女共同参画社会に関する各種世論調査を収集した。学部別

(ⓓ 方法の説明) の女子学生比率については、文部科学省のウェブサイトにて、学校基本調査など統計資料を収集した。また、講談社の発行する『Rikejo マガジン』を収集し、その記事の内容を分析した。そのほか、理系大学生の進学動機に関する調査研究、数学学習意欲や数学嫌いに関する調査研究を幅広く収集した。

(ⓔ 構成と結論の予告) 以下、第2章では固定的性別役割分担意識が依然として根強い現状を明らかにし、第3章では女子高校生の学部学科選択の実態を明らかにし、第4章では女子高校生の進路選択と志望動機の決定要因を検討する。結論では、固定的性別役割分担意識が女子高校生の進路選択と志望動機に大きな影響を与え、彼女たちの学問的な関心を狭めていることを論じる。

Ⓖ 考察の予告も含める場合(上級編)

　資料集めをしていると、自分の選んだ研究トピックとテーマに関して、様々な意見が既にあることに気づくことがあります。

　しかし、資料集めの段階は、そうした意見は注意深く取り除きながら、事実を裏づけるデータだけを「データ抜き書き集」ファイルにためていきました。

　自分の立てた問いに対して、あくまでも事実だけに基づいて自分なりの答えを出すためです。他人の意見に流

されないように、耳をふさいでいたわけです。

「6. 結論を書く」のBの(2)で詳しく説明しますが、自分なりの答えを出したあとの考察の段階では、自分の答えを批判的に見直すために、自分の答えと異なる答えを出している人の意見に耳を傾けることが重要になります。その人の意見は自分に対する反論になるわけですから、それに答える義務がありますし、また自分からも反論し返す権利があります。

考察の部分で他人の意見を引用して議論したいという場合には、そのことを序論で予告しておく必要があります。そのやり方を、通り魔事件をトピックに男らしさというテーマについて考える研究を例に説明します。

秋葉原事件については、いろいろな人が、いろいろな立場から、いろいろなコメントをしています。

たとえば、漫画家で作家のさかもと未明さんは、男女平等教育が男らしさのコントロールを不可能にする結果、男性が凶暴な行為に走るのだと述べています(さかもと2008)。タレントで元参議院議員の中山千夏さんと著作家で活動家の北原みのりさんは、ともにフェミニストの立場から、このような事件は男性特有の暴力問題だと指摘しています(中山2008、北原2008)。

一方、犯人が派遣労働者だったことに焦点を当てたコメントもあります(佐藤・雨宮2008、鎌田・池田・小林・本田2008)。こちらは、男らしさは関係ないという意見のようにも読めます。

これらの意見を考察で取り上げたい場合は、序論では

次のように書いておきます。

> 秋葉原事件を例に、さかもと未明(2008)、中山千夏(2008)、北原みのり(2008)が通り魔事件と男らしさの関係についてコメントしている。一方、男らしさではなく派遣労働者という点に焦点を当てたコメントもある(佐藤・雨宮 2008、鎌田・池田・小林・本田 2008)。これらのコメントの妥当性については、考察で検討する。

序論全体は、以下のようになります。

問題の設定	このレポートの目的は、通り魔事件に注目し、男性性と暴力の関係について考えることである。そのために、通り魔事件の犯人は男らしさを証明しようとして凶悪な事件を起こしているのではないかという問いを立て、男性性が暴力犯罪を生み出しているのかどうか検証する。
キーワードの定義	警察庁によると、通り魔事件とは「人の自由に通行できる場所において、確たる動機がなく、通りすがりに不特定の者に対し、凶器を使用するなどして殺傷等の危害(殺人、傷害、暴行及びいわゆる晴れ着魔などの器物損壊等)を加える事件」(法務省 1982)と定義される。また、男性性とは「男とは何か、男は何をするのか、男になるにはどうすればいいのか、男であり続け

るにはどうしなければいけないのか」(沼崎 2014b: 668)という問題である。

動機の説明
　このトピックとテーマを選んだのは、なぜ犯人は男性ばかりなのか、自分も男性だから、こういう暴力事件を起こす可能性があるのだろうかと思ったからだ。そこで、通り魔事件について調べることにした。

考察の予告
　秋葉原事件を例に、さかもと未明(2008)、中山千夏(2008)、北原みのり(2008)が通り魔事件と男らしさの関係についてコメントしている。一方、男らしさではなく派遣労働者という点に焦点を当てたコメントもある(佐藤・雨宮 2008、鎌田・池田・小林・本田 2008)。これらのコメントの妥当性については、考察で検討する。

方法の説明
　通り魔事件については、法務省のウェブサイトにて『犯罪白書』各年版や調査報告書、警察庁のウェブサイトで犯罪統計などのデータを集めた。有名な通り魔事件に関しては、書籍や新聞報道を収集した。男性性についてはジェンダー論や文化人類学の教科書を勉強した。

構成と結論の予告
　以下、第2章では暴力犯罪一般について第二次世界大戦前から近年までの傾向を明らかにし、第3章では日本の有名な通り魔事件の事例を分析し、第4章では海外における銃乱射事件の事例を分析する。以上を踏まえ、結論では、男性性と暴力との間には密接な関係があり、男性性

が通り魔事件の要因として重要であることを論じる。

H　序論は2度書く

　序論は、少なくとも2度書きます。資料集めが進み、「データ抜き書き集」ファイルがふくらんできたら、本論をどのように組み立てればいいかが、だんだん見えてきます。そこで、**1度目の序論を書いてみましょう**。そうすることで、研究レポートをどのようにまとめるかの見通しを立てることができるからです。まとめかたの見通しを立てたうえで、次の節で説明するように、本論の下書きをつくりはじめることになります。

　2度目の序論を書くのは、本論から結論まで下書きを書き終えたあとです。1度目に序論を書いた段階でやろうとしたことのすべてが予定通りにできていればいいのですが、そうではないことがほとんどです。やろうとしたことの半分以上できたらいいほうでしょう。結論は実際に本論でできたことに基づいて書くわけですが、そうすると1度目の序論で予告した内容とズレが生じます。

　そこで、実際はできなかったことについては1度目の序論で描いた全体の見取り図から削除して、実際にできたことだけを、これからやろうとする形に整理し、全体の見取り図を書き直すのです。これが2度目の序論です。実際はできなかったことは、残された課題として結論の最後に移動します。

このように序論を整理して書き直すのは、決してできなかったことをごまかすためではありません。序論で示した道筋通りにスッキリ話が進まなくては、読み手を惑わせることになります。そうならないように、序論を最後に論理的に書き直すわけです。

> **研究の基礎技術 24**
> 序論は2度書く。
> ・1度目：書きたいことの見取り図を自分に示す。
> ・2度目：書けたことの見取り図を読者に示す。

5 本論を書く

A パラグラフを組みたてる

　研究レポートの文章は、どこまでも論理的でなければなりません。論理的な論じ方の基本となるのが、パラグラフ(paragraph)です。普通、段落と訳されます。

　『新明解国語辞典』によると、段落とは「文章中の意味の上での大きな切れ目。また、そのような切れ目から次の切れ目までの間の一まとまりの部分」(山田他 2012: 952)を意味します。

　しかし、パラグラフは単なる意味の切れ目で区切られるものではありません。*The American Heritage Dictionary of the English Language* によると、パラグラフは「単一の思考や話題あるいは1人の話者の一連の言葉を扱う」(Houghton Miffin Harcourt Publishing Company 2017)文のまとまりです。パラグラフを構成する文は、どれも同じ事柄に関するものでなければならないのです。

　したがって、異なる話題に関する文が、1つのパラグラフのなかに混ざっていてはいけません。その場合は、話題の数だけパラグラフをわけて、それぞれの話題に関する文を違うパラグラフにまとめなおすことになります。

(1)主題文と補助説明文

パラグラフは、1つの主題文と、いくつかの補助説明文から成ります。

主題文とは、1つの話題について何らかの主張を述べる文です。通常は「○○は××である(ではない)」とか「○○は××する(しない)」という形の文章になります。

補助説明文とは、主題文の主張が成り立つ理由を述べる文と、その理由の根拠を示す文を指します。理由を述べる文は、「なぜならば、〜だからだ」という形の文章になります。理由の根拠を述べる文は様々な形をとりますが、根拠となるデータを並べるのが普通です。補助説明文は全体として主題文の主張を支えます。

パラグラフは、次のような形で書きます。

<u><u>女性は通り魔事件を起こさない。</u></u>①なぜならば、実際に起きた通り魔事件の犯人のほとんどが男性だからだ。②2008年土浦で連続殺傷事件を起こしたのは24歳の男性だった(読売新聞水戸支局取材班 2016)。③同じ年、秋葉原の歩行者天国で17人を殺傷したのも男性だった(中島 2013: 13)。④法務省法務研究所によると、2000年3月末日から2010年3月末日までに裁判が確定した無差別殺傷事件の犯人52人のうち51人が男性である(法務省法務研究所 2013: 39)。

ここでは、二重下線をつけた「女性は、通り魔事件を

起こさない」が**主題文**です。これが、このパラグラフの主張です。そして、①〜④までが**補助説明文**で、①では主題文の**理由**として実際に起きている通り魔事件の犯人は男性が大多数であることが述べられ、②〜④では**理由の根拠**として、土浦事件と秋葉原事件の犯人に関する質的データが示されたのち、法務省研究報告書から入手した量的データが示されています。

このように、主張は理由に、理由は根拠となるデータに支えられます。これがパラグラフの基本構造です。

(2)研究の進め方とパラグラフの論じ方は逆になる

ここで大切なのは、実際の研究の進め方とパラグラフの論じ方では、方向が反対だということです。研究を進める過程では、まずデータを集め、データが裏づける事実を見つけていきます。しかし、その結果をパラグラフにまとめる際には、見つけた事実を主題文として述べ、その後で裏付けとなるデータを並べていくのです。

上の例では、②〜④までの補助説明文の元になるデータは「データ抜き書き集」ファイルに入っていて、同じ小見出し「通り魔事件の犯人は男性ばかり」の下に並んでいるはずです。それらを今度は「本論下書き」ファイルにコピーして、上の例のように文章の形で並べていきます。

「通り魔事件の犯人は男性ばかり」というデータから「女性は通り魔事件を起こさない」と判断したら、パラグラフの主題文は上記のようになります。

そして、論じ方は研究の進め方の逆ですから、上の例のように、「女性は通り魔事件を起こさない。なぜならば、実際に起きた通り魔事件の犯人のほとんどが男性だからだ」と書いて、そのあとに根拠となるデータを順序よく並べていきます。

このように、「データ抜き書き集」ファイルのなかの小見出しを元に自分の判断を**主題文**として書き、その小見出しの下に並んでいる質的データと量的データを直接引用したりパラフレーズしたりして、**補助説明文**を書いていきます。

こうして「データ抜き書き集」を材料にしてパラグラフをつくり、「本論下書き」ファイルにためていきます。パラグラフとパラグラフの間は行を空けて区別しておきます。あとで並べかえるときに便利だからです。

◆B パラグラフをつなげて節をつくる

パラグラフを並べかえるのは、**関連するパラグラフ**を近くに置くためです。

1つのパラグラフは、1つの**小さな話題**に関する主張です。パラグラフが関連するとは、パラグラフの扱う小さな話題が、もっと**大きな話題**の一部になっていて、互いに結びついているという意味です。

そういう意味で関連するパラグラフのまとまりが節になります。節ができたら、その節の大きな話題についての主張の要約をつくり、**節見出し**にします。

節の構造は、基本的にパラグラフと同じです。

パラグラフでは、最初に主題文が置かれ、それに続く補助説明文が、主題文の主張を支える役割を果たしていましたね。

節では、まず**主題パラグラフ**が置かれ、それに続く**補助説明パラグラフが主題パラグラフの主張を支えます。**

節の場合は最後に**要約パラグラフ**を置いて、その節の主張を再度まとめることがあります。そして、最後の文を次の節への**つなぎの文**にするのが普通です。

ポイントは、1つの節のなかのパラグラフは、すべて同じ話題に関連していなければいけないということです。

節の基本構造は、以下のとおりです。

節見出し（大きな話題についての主張の要約）

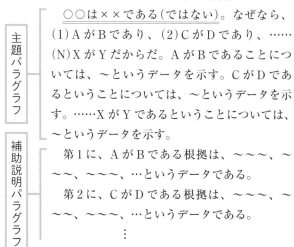

主題パラグラフ
　○○は××である（ではない）。なぜなら、(1)AがBであり、(2)CがDであり、……(N)XがYだからだ。AがBであることについては、〜というデータを示す。CがDであるということについては、〜というデータを示す。……XがYであるということについては、〜というデータを示す。

補助説明パラグラフ
　第1に、AがBである根拠は、〜〜〜、〜〜〜、〜〜〜、…というデータである。
　第2に、CがDである根拠は、〜〜〜、〜〜〜、〜〜〜、…というデータである。
　　　　　　　　　　　　　　:

> （まとめのパラグラフ）
> 　第Nに、XがYである根拠は、〜〜〜、〜〜〜、〜〜〜、…というデータである。
> 　以上のように、〜〜ということから、○○は××であることが明らかとなった。要するに、〜〜なのである。○○が××であるとすると、次に□□は△△ではないかということが問題となる。そこで、次節ではこの点を取り上げ、〜〜を論じることとする。

　二重下線を引いた**主題パラグラフ**の最初の文は、この節全体にかかわる大きな話題について何らかの主張をする主題文です。次に、その大きな話題が包み込んでいる小さな話題のそれぞれについて、簡単な説明を加える補助説明文を置きます。Aは小さな話題の1つであり、AはBであるというのがAに関する主張です。CとD、XとYについても同様です。そして、それぞれの主張の理由の簡単な補助説明文が続きます。これらの補助説明文は、以下のパラグラフで取り上げる小さな話題についてどのような主張をするかを予告する役割を果たします。

　補助説明パラグラフは、小さな話題の数だけ必要です。それぞれの補助説明パラグラフの最初の文は、そのパラグラフが扱う小さな話題についての主題文になります。そして、その話題についての主張を支える根拠を列挙す

る補助説明文が続きます。その構造は、Aの(1)で説明したとおりです。

　補助説明パラグラフをいくつ置けばいいかは、内容によっても、また研究レポート全体の長さによっても変わってきます。

　最後のまとめのパラグラフの最初の文は、節全体にかかわる大きな話題についての主張の繰り返しです。必要であれば、さらに補助説明文を加えます。そして、つなぎの文を最後に置きます。

　節の具体例を、次に示します。

> 節見出し
>
> **歩きスマホは危ない**
>
> 主題パラグラフ
>
> 　歩きスマホは危険で有害な行為である。なぜならば事故を起こして自分がケガをすることもあるし、他人を事故に巻き込んでケガをさせることもあるし、起こした事故が大勢の人の迷惑になることがあるからだ。以下、自分がケガをしたり、他人にケガをさせたりする事故が多数発生していることを示す。また、大勢の迷惑になる例として、歩きスマホが鉄道の遅延を引き起こしていることを示す。
>
> 　第1に、歩きスマホの事故でケガをする人が実際に出ている。東京消防庁によると、「歩道に張られたチェーンに気づかず足をとられ転倒し右ひざを骨折した」とか「他の自転車と接触

し転倒、頭部を受傷した」といった事故が発生しており、2012年から16年の5年間に歩きスマホ事故で救急搬送された人の数は193人に達する(東京消防庁 2016)。

第2に、歩きスマホの事故は他人を巻き込むことがある。「歩道を歩行中に前からスマートフォンを操作しながら歩いてきた歩行者とぶつかって転倒し、尻もちをつき受傷した」(東京消防庁 2016)という例がある。「ポケモンGO」をしながらトラックを運転していた運転手が、小学4年の男児をはねて死なせるという事故も起きている(朝日新聞 2017)。

第3に、東京消防庁によると、2012年から16年の5年間に歩きスマホ事故で救急搬送された193人のうち、13人が駅のホームから転落している(東京消防庁 2016)。ホームでの転落事故は列車の遅延につながり、大勢の人に迷惑をかけることになる。ホームに転落しないまでも、スマホや携帯電話を線路に落としてしまう人が多く、2016年には「回収のため列車の運行が遅れたケースが首都圏のJRで4、5月に54件」(毎日新聞 2016)発生している。

以上のように、歩きスマホによる事故がケガや死亡につながったり、列車の遅延を引き起こしたりしていることから、歩きスマホは危険で有害な行為であることが明らかとなった。要す

> **まとめのパラグラフ**
> るに、歩きスマホは危ないのだ。歩きスマホは危険で有害な行為であるとすると、次にどうしたら歩きスマホを減らすことができるかが問題となる。そこで、次節ではこの点を取り上げ、歩きスマホの原因と対策を論じることとする。

この例では、最初が**主題パラグラフ**、2〜4番目が**補助説明パラグラフ**、最後がまとめのパラグラフです。

実際の研究レポート作成では、最初に2〜4番目のパラグラフで使われているデータが集められ、「データ抜き書き集」ファイルのなかで「自分がケガをする」、「他人にケガをさせる」、「大勢に迷惑をかける」という小さな話題ごとにデータのまとまりができているはずです。

次に、データに基づいて、2〜4番目のパラグラフを書き、「本論下書き」ファイルにためていきます。

そして、3つの小さな話題が「歩きスマホは危険で有害」という大きな話題に含まれることに気づけば、3つのパラグラフをつなげ、主題パラグラフとまとめのパラグラフを書いて、節を構成することになります。

最後に、その節の大きな話題についての主張を適切に表わす**節見出し**をつけます。

172〜173ページに示した序論の例でも、5つのパラグラフが結びついて、1つのまとまった節になっています。

最初のパラグラフが**序論の主題パラグラフ**であり、その最初の「このレポートの目的は、数学科の女子学生の少なさに注目し、固定的性別役割分担意識の影響につい

て考えることである」という文が主題パラグラフの主題文です。

実は、このパラグラフは**研究レポート全体の主題パラグラフ**にもなっており、その主題文は研究レポート全体の主題文でもあります。ということは、研究レポートの最初のパラグラフの最初の文は、そのレポート全体の主題を表わしているのです。

第2〜4パラグラフが、**序論の補助説明パラグラフ**です。補助説明として、キーワードの定義、研究動機、研究方法の概要が述べられているわけです。

そして、第5パラグラフが**序論のまとめのパラグラフ**であり、最後の結論の予告が**本論へのつなぎの文**です。

C 節をつなげて章をつくる

「本論下書き」ファイルに節がたまってきたら、今度は節をまとめて**章**をつくっていきます。

その方法は、パラグラフから節を作る方法と基本的に同じです。小さな話題に関するパラグラフを、それらの小さな話題を含む大きな話題に関してまとめたのが節でしたね。今度は、大きな話題に関する節を、それらの大きな話題を含む、さらに大きな話題に関してまとめていくのです。そうすることで、章ができあがります。

章ができたら、その内容を適切に表わす要約文を章のタイトルとします。基本構造は次の通りです。

章のタイトル

第1節　はじめに

<u>本章の課題は、○○は××であることを示すことである</u>。それは、〜〜〜だからである。

○○は××であることを示すために、A、C、…Xについて、〜〜〜というデータを集めた。

以下、第2節ではAがBであること、第3節ではCがDであること、…そして、第N節ではXがYであることを示す。

〔主題節〕

1行空け

第2節　小見出し

> AがBであることを示すための節（構造は183〜184ページを参照）

1行空け

第3節　小見出し

> CがDであることを示すための節（構造は183〜184ページを参照）

1行空け

⋮

第N節　小見出し

> XがYであることを示すための節（構造は183〜184ページを参照）

1行空け

〔補助説明節〕

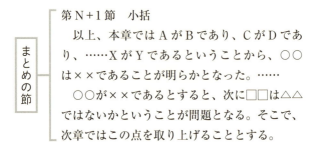

まとめの節

> 第N+1節　小括
> 　以上、本章ではAがBであり、CがDであり、……XがYであるということから、○○は××であることが明らかとなった。……
> 　○○が××であるとすると、次に□□は△△ではないかということが問題となる。そこで、次章ではこの点を取り上げることとする。

　章タイトルの下に、1行空けて、章全体の主題節を置き、それを支える補助説明節を並べたのち、まとめの節を置きます。

　主題節は、この章の序論の役割を果たします。主題節の最初のパラグラフで課題を示し、次のパラグラフで何についてどういうデータを集めたかを簡単に説明し、3番目のパラグラフで章の構成を明らかにします。

　主題節のあとに、その章の**補助説明節**が並びます。節の数は、内容に応じて変わりますが、普通は3～5節くらいでしょう。節の数が6節以上になるときは、2つの章に分割したほうがいいかどうか検討してください。

　章の最後には、**まとめの節**を置きます。その見出しは小括とするのが普通です。レポート全体のまとめではなく、その一部である章のまとめに過ぎないので、「小さい括り」という意味で小括と呼びます。

　小括は、1つのパラグラフで済むこともあれば、2～3パラグラフにわけて書いたほうがいいこともあります。ただし、あまり長くなると小さな括りではなくなってし

まいますから、3パラグラフ以内に収めましょう。この節の最後の文は、次の章へのつなぎの文となります。

実際の研究レポートでは、節や章といった言葉は使わず、単に数字やアルファベットでまとまりを示します。そのやり方は、「7. 形式を整え、提出する」のCの(5)で説明します。

D 節と章を論理的に並べる

まえに置かれた節や章で述べることが、あとに続く節や章の前提になるように並べます。その節や章で述べることを理解するために必要な情報が、あとの節や章で出てくるようでは、話が混乱してしまうからです。

第1節の内容が第2節の前提となり、第1節と第2節が共に第3節の前提となっているかどうか、第1節の内容の中に、第2節や第3節で初めて説明されることを前提とした話がまぎれこんでいないか、何度も読み返して確認しましょう。

連続する節の内容が並列で対等の関係にあり、どの節も他の節を前提にしていないというときには、わかりやすい順に並べるとよいでしょう。

たとえば、**身近な事例を取り上げた節を先に置き、まれな事例を取り上げた説を後に置く**という具合です。身近なことはわかりやすく受け入れやすいのに対して、珍しいことは理解しにくく抵抗感を覚えるからです。

また、**具体的な事柄のほうが抽象的な事柄よりも**理解

しやすいので、具体的な内容の節を抽象的な節のまえに置いたほうが、読みやすくなります。もちろん、一般論を先に述べた後に次々と個別の具体的な事例を並べていくという書き方もあります。しかし、その場合でも最後に再び一般論を述べて確認したほうがいいでしょう。

> **研究の基礎技術 25**
> パラグラフをつなげて節にし、**節**をつなげて章にし、**章**をつなげて本論にする。

6 結論を書く

A できたことをまとめ、問いに対する答えを出す

　結論の最初の節には**結果**という見出しをつけ、本論の各章の小括で書いたことをまとめて、どのような事実が明らかにできたかを示します。小括と全く同じ文章を繰り返しては、単なるコピペになってしまい、意味がありませんし、インテグリティに欠けます。小括を並べて眺め、その内容をパラフレーズしてください。

　大切なことは、本論で述べた事実をシッカリ要約し、答えを**ハッキリ言い切る**ことです。そのためには、結果の節は、本論の小括をまとめてパラフレーズした**要約のパラグラフ**と、**結論を宣言するパラグラフ**の2つのパラグラフで十分でしょう。

　結論を宣言するパラグラフは、たとえば次のようなものになります。

　　本研究では、数学を専攻する女子学生が少ないのは数学が女性役割に含まれないからであるということを明らかにした。固定的性別役割分担意識が女子高校生の進路選択と志望動機に大きな影響を与え、彼女たちの学問的な関心を狭めているのである。

これは、「4. 序論を書く」のFで示した序論の例（172〜173ページ）に対応しています。

B 自分の答えを批判的に考察する

問いに対する答えを言い切ったうえで、次に**考察**という見出しをつけた節で、その答えが誤りである可能性を自分自身で検討します。

(1) 自分で自分の答えを否定してみる（初級編）……

パワーアップ・レッスン1で述べた批判的に読む方法を応用して、自分の答えを自分で否定してみます。これには勇気が必要ですが、それが考察というものです。

上の例を使うと、考察の書き出しは次のようなものになります。

> 本研究では数学を専攻する女子学生が少ないのは数学が女性役割に含まれないからであるという結論を出したが、女性の持つ固定的性別役割分担意識が専攻の選択に影響を与えているということは十分に実証されていないという可能性を検討する。

論証が十分でない理由は2種類考えられます。1つは、答えの根拠となる事実を裏づけるデータが十分示されていないという可能性、つまり**証拠不十分**という可能性です。もう1つは、示した事実と答えとの結びつきが弱い

という可能性、つまり**根拠薄弱**という可能性です。

a. 証拠不十分かどうかの検討

　上の例では、本論で示したデータが、数学は女性役割に含まれていないということを確かに裏づけているか、高校生が固定的性別役割分担意識を持っているということを確かに裏づけているかを再確認することです。

　その際、**反証**を見逃していないかどうかを検討することが、特に重要です。たとえば、次のような形です。

> 「家計簿をつけるのは主婦の役割だが、これは数学が女性役割に含まれているということではないのか？」という反論が考えられるが、家計簿をつけることは大学数学を必要とする作業ではないので反証にはならない。

b. 根拠薄弱かどうかの検討

　上の例では、「数学が女性役割に含まれていないこと」と「女性が数学科を志望しないこと」の間の結びつきは**論理的**であるかどうかを再確認することです。

　男性も女性も、それぞれの性別役割に含まれないことを大学で学ぼうとはしないものなのでしょうか？　将来の仕事や家庭での役割に役立つ専攻を男女とも選ぶでしょうか？　むしろ、せめて大学では将来の仕事や家庭ではできないことを思いっきりやりたいとは思わないものでしょうか？　そういう可能性を、シッカリ考えなけれ

ばいけません。

　「女性が固定的性別役割意識に縛られている」ということと「大学で数学を専攻する女性が少ない」ということが共に確かな事実であるとしても、両者の間に**因果関係**がなければ前者は後者の説明になりません。ですから、この両者は無関係ではないかという反論を想定し、関係はあるということを再確認する必要があるのです。

c. 考察で証拠と根拠を検討する際にはルールがある

　証拠不十分かどうかと根拠薄弱かどうかの再検討をする際に、守らなければならないルールが1つあります。それは、〈考察の段階で新たな証拠を出してはならない〉というものです。証拠となる事実と、それを裏づけるデータは、すべて本論で提示していなければなりません。本論で確認したデータと事実が証拠として十分かどうか、そして論理的にもそれらが答えの確かな根拠となっているかどうかをシッカリと見直すことが、考察の役割です。

　証拠不十分かどうか、根拠薄弱かどうかをシッカリ再検討したうえで、最終的に自分の出した答えが妥当かどうかの判断を表明して、考察を結びます。

　高校生や大学生の研究レポートでは、考察の結果、証拠不十分あるいは根拠薄弱であることが明らかとなり、答えが妥当ではなかったと判断しなければならないこともあるかもしれません。精一杯データを集めて実証を試みた結果そうなのであれば、それはそれでOKです！そのときは、正直に、証拠不十分だったとか、根拠薄弱

だったと、考察をまとめましょう。

　研究の目的は、予想した答えが正しいと証明することではありません。研究するのは、予想した答えが正しいか誤りかを示す証拠を見つけるためなのです。「当たりそうな予想を立て、当たっているという証拠を見せる」ことが研究だと誤解しないでくださいね。

　極端な話をすれば、答えは正しくないという証拠を出す研究のほうが有益です。なぜなら、それは既存の知識に基づく予想はまちがっていることを明らかにし、新たな可能性を考えることを迫る研究だからです。第1章でも触れた有名なガリレオの逸話は、「重い物ほど速く落ちる」というアリストテレスの説は誤りであることが示されたという話であって、ガリレオの説の正しさが証明されたという話ではありません。だれもが正しいと思っていたことが誤りであることを実証したからこそ、ガリレオの実験には意義があったのです。

　とはいえ、「誤りであると証明しやすそうな予想を立てて、その誤りを証明してやろう」というのも、意味のある研究ではありませんからね。ガリレオは、そんなことをしようとしたわけではなく、古代の優れた学者が提起し、その後ずっと信じられてきた説が本当かどうか調べてやろうとしたのであって、だからこそガリレオの逸話が〈理想的な科学的態度〉の例として語り継がれてきたのです。

　研究レポートの考察は、刑事裁判の判決とよく似ています。刑事裁判でも、証拠調べが行われ、それが終了し

たら、確認された証拠だけに基づいて検察側は論告求刑を行い、同じ証拠に基づいて弁護側は最終弁論を行います。そして、裁判官（と裁判員）は、確認された証拠が検察側と弁護側のどちらの主張を支持するかを検討し、有罪か無罪かの判決を下します。

本論は、証拠調べの段階にあたります。結論における結果は、検察官の論告求刑にあたります。結論における考察は、弁護側の最終弁論とその検討、そして判決にあたります。

研究レポートでは、自分ひとりで、検察と弁護人と裁判官と裁判員の役割を演じなければならないわけです。大変ですが、そこが研究レポートの楽しいところです。

⑵自分の答えを他人の意見と比べてみる（上級編）

「4．序論を書く」のGで、上級編として、考察で他人の意見を検討したいときの序論での予告のしかたを説明しました。ここでは、そこで用いた通り魔事件と男らしさについて考える研究の場合を例として、序論の予告に対応した考察の書き方を説明します。

a. 他人の意見の扱い方

「通り魔事件の犯人は男らしさを証明しようとして凶悪な事件を起こしているのではないか」という問いに、イエスという答えを出したとしましょう。すると、考察では答えがノーである可能性を考えることになります。

そこで参考になるのが、男らしさそのものが原因なの

ではなく、男らしさのコントロールを不可能にした男女平等教育こそが原因だという意見(さかもと 2008)と、派遣労働者という働き方こそが原因だという意見(佐藤・雨宮 2008、鎌田・池田・小林・本田 2008)です。

　これらの意見を考察に取り入れるには、それぞれの意見を直接引用したり、パラフレーズしたりします。また、その際、それぞれの意見の根拠は何かを明確にすることが大切です。

　　さかもと未明によると、無差別殺傷事件の原因は男女平等教育によって男性が中性化され、内面に秘められた攻撃性を制御できなくなったことが原因である(さかもと 2008)。そうだとすると、男が男らしくなくなってしまったために通り魔事件が起きているということになる。しかし、本論で指摘したように、大正時代や昭和初期にも無差別殺傷事件は起きている。当時は男女平等教育は行われておらず、徴兵制もあり、男たちは厳しく鍛錬されていたのだから、さかもと未明の説明と矛盾する。また、短いコメントのためではあるが、さかもと未明は男女平等教育によって男性が中性化しているという証拠を示していない。よって、彼女の意見は、歴史的な事実と矛盾するし、根拠薄弱であり、採用できない。

　このように書けば、「男女平等教育こそが原因」という意見を自分の結論に対する反論として検討したうえで、

自分が本論で示した事実に基づいて再反論できています。もちろん、本論で本当に大正時代や昭和初期の無差別殺傷事件の事例をきちんと示している必要がありますが。

次に、「派遣労働者という働き方こそが原因」という意見を検討する例を示します。

> また、秋葉原事件の犯人が派遣労働者であったことから、この事件の原因を格差社会に求める意見もある(佐藤・雨宮 2008、鎌田・池田・小林・本田 2008)。しかし、北原みのりが述べるように、派遣労働に従事する女性も格差を味わっているはずなのに、無差別殺傷事件を起こす女性は滅多にいない(北原 2008)。なぜ、女性は格差にじっと耐えているのに、男性は耐えられずに暴力事件を起こすのか。この違いは派遣という働き方では説明できない。このことから、格差社会が無差別殺傷事件の背景にあるとしても、それだけでは犯人が男性ばかりであることは説明できないので、男性性を暴力の原因の1つと考える必要があると、私は考える。

このように、他人の意見同士をぶつけあいながら、事実に照らして、自分の答えを再検討するという方法もあります。くりかえしますが、通り魔事件の犯人の大多数が男性であるということは、本論のなかで、データによって裏づけておかなければいけません。

自分の答えと似た意見も、考察の対象になります。

中山千夏は、「これは男性特有の犯罪なのだ」と述べ、秋葉原事件は「卓袱台返し」のようなパフォーマンスであって、そのようなパフォーマンスを男たちがしようとするのは「一生に最低一度は、観客の注目を集めつつ、花道を歩かなければ」男ではないという「男に花道を押しつける文化」があるからだと言う(中山2008)。これは、無差別殺傷事件の原因は男らしさにあるという意見の1つである。しかし、本当に「男に花道を押しつける文化」があるのか、無差別な殺傷は「花道」になるのかについては、さらに検討が必要だ。

　このように書けば、中山千夏の意見は興味深いけれど証拠は十分でないという判断を示すことができます。この場合は、あとで説明するように、**展望**で「男の花道」論を今後の課題の1つとして指摘することになります。
　以上、他人の意見を参考にしながら考察を進める方法を簡単に説明しました。このような考察が書けるように、ぜひがんばってください。

b. 他人と議論しながら考察を進める

　このような考察のしかたは、裁判員の参加する刑事裁判と似ていますね。同じ証拠に基づいても、様々な意見がありうるのだから、多くの人の意見を聞いて判決に反映させようというのが裁判員制度の趣旨です。
　ただし、研究レポートの考察と裁判の判決とでは1つ

だけ大きな違いがあります。**多数意見の扱い方**です。

　複数の裁判官や裁判員による合議制の裁判では基本的に多数決で判決を下しますが、研究レポートではそうとは限りません。研究レポートでは、多くの意見に反しても、えらい学者の見解と違っても、あなたが事実に基づいていると考える答えを出していいのです。そのことを、忘れないでください。

Ⓒ できなかったことを反省し、次に進む方向を展望する

　結論の最後に、**展望**という見出しの節をつくり、研究全体をふりかえって反省します。

　自分の出した答えが妥当だとしても、まだまだ不明な部分が残っているのが普通です。**自分の答えの限界をシッカリ見きわめハッキリ表明しましょう。**

　自分の出した答えが妥当でないという結論になったら、研究のどこがどう問題だったのかを明らかにしなければいけません。証拠不十分であったなら、どのような証拠が足りず、それを集めるにはどうすべきだったのかを示します。根拠薄弱であったなら、事実と答えとの間の関係をどう考え直すべきなのかを示します。

　さらに、研究して答えを出してみたからこそわいてきた**新たな疑問**があるはずです。研究してみて初めて考えたことがあれば、それも列挙します。

　最後に、研究を今後も続けるとしたら、次は何をすべ

きなのか、取り組むべき新しい課題は何かを述べて、展望の結びとします。

> **研究の基礎技術 26**
> 結論では、研究の**結果**をまとめ、その意義を<u>批判的</u>に**考察**して、次の課題を**展望**する。

7 形式を整え、提出する

A タイトルをつける

(1)タイトルは研究全体の最も短い要約

一目で研究の中身がわかるタイトルをつけましょう。ポイントは、何を調べ、どのような答えを出そうとしているかが、ハッキリしていることです。

一番簡単なのは、問いをそのまま主題とし、答えを副題にすることです。たとえば、次のような形です。

　　　　なぜ女性は数学を専攻しないのか？
　　　——固定的性別役割意識が進路選択に及ぼす影響——

このタイトルを見れば、女性が数学を専攻しないのは固定的性別役割意識が原因だということを実証しようとしていることが、一目でわかりますよね。

研究トピックと研究テーマを主題に並べ、具体的な問いを副題に置くこともできます。

　　女子高校生の進路選択と固定的性別役割意識の関係
　　　——数学科に入学する女性の少なさを例として——

悪い例には、次のようなものがあります。

第3章　研究レポートを書く　◆　205

女子高校生の進路選択について
── 数学科を例として ──

女性高校生の固定的性別役割意識に関する研究
── 進路選択を例として ──

　どちらも、どのような問いを立て、何を調べようとしているのかが全くわからないところが問題です。
　一般的に、「○○について」という表現は、タイトルや見出しとしては最悪です。○○について「何をどうした」のか全く不明だからです。「何をどうした」のかが一目でわかるタイトルをつけてください。

(2)かっこいいタイトルをつける

　そうでなければ、思いっきり詩的で、響きが良く、想像力を刺激するタイトルを考えてください。たとえば、高名な人類学者クロード・レヴィ＝ストロースの『野生の思考』(レヴィ＝ストロース 1976)や『悲しき熱帯』(レヴィ＝ストロース 2001)は、中身はさっぱりわからないけれど、実に魅惑的なタイトルですよね。
　この路線で行くなら、副題なしで、「さびしき数学科」とか「ジェンダーの呪い」なんてタイトルをつけてもいいでしょう。そういう遊び心も大切です。ぜひ、読み手が興味をそそられるようなタイトルを考えてください。
　タイトルは、研究レポートの表紙に入れます。そのやり方は、のちに表紙のつくり方と一緒に説明します。

> **研究の基礎技術 27**
> タイトルは研究レポートの中身の一番短い要約文。
> ふさわしいタイトルをつけよう。

B 引用文献リストを整える

　まず、「参考文献」ファイルのコピーを Google ドライブ上に作成します。そして、コピーしたファイルの名前を「引用文献一覧」に変更します。もとの「参考文献」ファイルは、そのまま残しておきましょう。今回は使わなかった文献資料も、あとあと使うことがあるかもしれないからです。

　新しくできた「引用文献一覧」ファイルには、本文中にハーバード方式で出典を明記しているものだけを残し、そうでないものを削除していきます。削除し終わったら、「引用文献一覧」ファイルに載っている文献は全て本文中のどこかで（　）に出典として記載されていることをもう一度確認してください。

　次に、「引用文献一覧」ファイルの日本語文献の書誌情報の形式を、日本心理学会の『執筆・投稿の手びき 2015 年改訂版』（日本心理学会 2015）のスタイルに合わせていきます。「参考文献」ファイルには Google Scholar から英語文献用の APA スタイルのまま書誌情報をコピーしていましたが、日本語として不自然なので、日本語

らしくて見やすい**日本心理学会スタイル**に合わせます。

ただし、日本心理学会の形式は学術論文に合わせているため、初心者の研究レポートには難しすぎるところがいくつかあります。そこで、この本では、わかりやすさと見やすさに配慮して、以下のような修正を加えます。

翻訳書については、カタカナ書きの著者姓ごとに並べ、姓と名をカンマで区切り、ミドルネームかミドルイニシャルがある場合は名のあとに半角スペースを入れて並べます。訳者名は(　)に入れて書名の後です。

例　サイード，エドワード W.(2005).ペンと剣(中野真紀子訳)　ちくま学芸文庫

また、ウェブサイトについては、URLと閲覧日の記載方法も簡略化します。

以下、よく使うと思われる種類の文献について、引用文献一覧での書き方を説明します。ピリオドの打ち方、スペースの空け方、ページ番号の書き方、(　)の使い方などに、細心の注意を払ってください。特に、情報を並べる順番に気をつけましょう。

(1)書籍

基本型は「著者姓 名(出版年).書名　出版所名」です。著者姓と名の間に半角スペースを入れます。著者が複数のときは中黒「・」でつなぎます。

例　バンクロフト，ランディ・シルバーマン，ジェイ

G.(2004). DV にさらされる子どもたち(幾島幸
子訳) 金剛出版

書誌情報が2行以上になるときは、見やすくするため、2行目以後は1行目の先頭から2字さげます。

例 沼崎 一郎(2014). 台湾社会の形成と変容〜二元・
二層構造から多元・多層構造へ〜 東北大学出
版会

奥付に出版年がいくつも書いてあるときは、一番新しい版の第1刷が出版された年を出版年とします。最新版が第2版以後の場合は、書名の後に、第何版かを次のように示します。

例 綾部 恒雄・桑山 敬己(編)(2010). よくわかる文化
人類学 <u><u>第2版</u></u> ミネルヴァ書房

上の例では二重下線部が何版かを示しています。数字ではなく、**改訂版**、**増補版**などと版が表記される場合もあります。版が違うと内容が大きく異なることもあるので、複数の版が出ている本については、第何版かを明示しなければなりません。同じ版であれば、第何刷であっても、内容は基本的に同じで、印刷した時期が違うだけなので、違う刷かどうかは問題になりません。それで、第1刷の出版された年を出版年と見なすのです。

章ごとに著者が異なる論文集のような本から特定の著者による特定の章をリストするときの基本型は「著者姓

名(出版年)．章タイトル　編者姓名(編)書名(ページ)　出版社名」です。第何章かは省略し、章タイトルだけを書きます。

例　沼崎　一郎(2016)．台湾における日本語の日本文化／日本人論——「ポストインペリアル」な読解の試み　桑山　敬己(編)日本はどのように語られたか——海外の文化人類学的・民俗学的日本研究(pp.371-405)　昭和堂

(2)雑誌

学術雑誌の論文については「著者姓　名(出版年)．論文タイトル　雑誌名，巻(号)，ページ．」という形式をとります。

出版年や巻号は、雑誌の表紙に必ず書いてありますし、論文の最初のページのヘッダーやフッターに書いてあることもあります。

雑誌によっては、巻または号しかついていないこともあります。そのときは、その数字のみを(　)に入れずに示します。巻と号の両方があるときは、巻を通してページ番号が続いているものは「(号)」を省略して巻だけを書き、号ごとにページ番号がつけられているものは巻と「(号)」の両方を書きます。

例　一條　文佳・沼崎　一郎(2016)．台南市青少年訪問団派遣事業——被災者招待型ツーリズムの人類学　日本台湾学会報，18，4-18．

沼崎　一郎(1989).　現代台湾における民間大企業の所有と経営──上場企業の分析　アジア経済, 30(12), 79-102.

　週刊誌や月刊誌の記事の書き方は「著者姓　名(出版年).　記事名　雑誌名, 発行月日, ページ.」です。実際の発売日ではなく、雑誌に記載された発行月日を使います。

例　沼崎　一郎(1996).　多様な家族を認める社会に　世界, 7月, 98-105.

　岩波書店の『世界』は月刊誌なので、発行月のみ記し、7月号であることを示しています。
　週刊誌の場合は、発行月日を記し、何月何日号かまで示します。

(3)新聞

　新聞記事の基本型は「著者姓名(出版年).　記事名　新聞紙名　出版月日○刊, ページ.」です。記事の著者が明らかな場合は著者姓名を見出しにしますが、著者が不明の場合または末尾に( )に入れて担当記者名が記してあるだけの場合は新聞社を著者として扱います。

例　沼崎　一郎(2007).　闘論　夫婦別姓の法制化　通称は一部の特権　「幸せ格差」是正せよ　毎日新聞　1月8日朝刊, 3.

河北新報(2017).宮城の「孤独死」903人　4月9日朝刊,30.

なお、特定の地域で発行されている版だけに掲載されている記事の場合は、朝刊(夕刊)のあとに(東京版)などと挿入します。

⑷ウェブサイト

基本型は「サイト制作者名(作成年)．閲覧ページタイトル　URL(閲覧年月日)」です。

例　東京消防庁(2016)．歩きスマホ等に係る事故に注意！　http://www.tfd.metro.tokyo.jp/hp-sinagawa/info/shinagawadayori/280728.html (2017年3月12日)

⑸その他の文献資料

以上に示した以外の文献の書誌情報の書き方については、この本の引用文献一覧を見本として使ってください。

より詳しくは、日本心理学会の『執筆・投稿の手びき2015年改訂版』(日本心理学会2015)を学会ウェブサイト(http://www.psych.or.jp/publication/inst.html)からダウンロードして参照してください。

⑹文献のぶらさげ表記

書誌情報が2行以上になる場合は、見やすくするため、2行目以下を2字さげます。このように段落の2行以

図 19　Google ドキュメント上の引用文献一覧（ぶらさげ前）
（出所）筆者作成

下を字さげすることをぶらさげと呼びます。

　ここで、Google ドキュメントでぶらさげをする方法を説明しておきましょう。なお、以下の作業は、パソコンからブラウザを使ってGoogle ドライブを開いて行う必要があります。

　「参考文献」ファイルを作るときは、手間を省くために、改行だけで文献を区別しておきます。また、文字列の揃え方は左揃えにします。両端揃えにすると、長いURLを挿入した場合、短い日本語文字列の字間が極度に間延びしてしまうことがあるからです。しかし、研究レポートの末尾につける引用文献一覧では、きちんとぶらさげを行います。改行だけで区別された文献リストの例を上の図19に示します。

　なお、あなたのパソコン画面で、平たい長方形の載った▽印や白抜きで1、2、…15、16といった数字が書か

図20　Googleドキュメント上の引用文献一覧（ぶらさげ後）
（出所）筆者作成

れた部分が表示されていないときは、まず、画面右上端の記号を見てください。もし∨となっていたら、クリックすると∧と変わり、**ファイル**、**編集**といったメニューボタンが表示されます。最初から∧となっていれば、これらのメニューボタンが既に並んでいるはずです。

　表示をクリックし、プルダウンメニューを出して、**ルーラーを表示**にカーソルを合わせ、クリックしてください。ルーラーが表示され、図19の画面になるはずです。

　図19の画面になったら、丸で囲った記号を使ってインデントを調整し、ぶらさげを行います。

　手順は、以下の通りです。

① 　**編集→すべて選択**を選ぶと、文献リスト全体が範囲指定され、青くハイライトされます。

② 　丸で囲われた水色の▽にカーソルを合わせ、 左インデント という表示が出たら、クリックします。

③ 左インデントの位置を示す青色の垂直線が表示されるので、クリックしたまま、青色の垂直線が警察庁の察の字の右横に来るまで横に2字分ドラッグします。
④ ハイライトされた部分全体が右に2字分移動します。
⑤ カーソルを移動して、▽の上の平たい長方形のマーカーの上にカーソルを合わせます。
⑥ 先頭行のインデント と表示されますから、クリックし、今度は左に2字分ドラッグします。
⑦ 先頭行だけが元の位置に戻り、ぶらさげ作業が完了し、図20のようになります。

これで「引用文献一覧」ファイルの文献リストを見やすく整えることができました。

C 書式を整える

序論から結論までの「下書き」ファイルが完成し、タイトルが決まり、引用文献一覧を整えたら、いよいよ「完成稿」ファイルを作成して、全体の書式を整えます。この作業は、パソコンからブラウザを使ってGoogleドライブを開いて行ったほうが確実です。スマホやタブレットのアプリは編集機能に限りがあるからです。

まず、「完成稿」という名前のファイルをつくり、そこに「序論下書き」、「本論下書き」、「結論下書き」ファイルを順にコピーします。

まず「序論下書き」ファイルを開き、「編集」→「すべて選択」と進んで全体をハイライトしたら、ハイライ

ト部分のうえにカーソルを合わせて右クリックし、コピーを選択します。そして、「完成稿」ファイルに戻り、「完成稿」ファイルの一番下にカーソルを合わせて右クリックし、「貼り付け」を選択します。同じことを「本論下書き」ファイルと「結論下書き」ファイルでもくりかえします。

3つともコピーできたら、「完成稿」ファイルの編集をしていきます。

⑴余白、行間、フォントを設定する

最初に、**ファイル→ページ設定**と進んで、ページの向きは縦、用紙サイズはA4、ページの色は白、余白は上下左右2.5 cmに設定し、OKをクリックします。

次に、**編集→すべて選択**と進んで全ページの全テキストをハイライトし、**表示形式→行間隔→1.5 行**を選んで、全体の行間を1.5行に設定します。そのほうが、行間が広がって読みやすくなります。

フォントの書体は、初期設定ではArialになっているはずです。これは、アルファベットと数字の書体であり、日本語の文字はゴシック体になります。**フォントのサイズ**は、Googleの初期設定では11ポイントになっているはずです。フォントの書体もサイズも、特に変える必要はありません。

上下左右の**余白**が2.5 cmで、行間1.5行の設定では、1ページに35行入ります。そして、1行に11ポイントの全角文字が41字入ります。1ページあたり35×41＝

1435字(400字詰め原稿用紙およそ3.6枚分)入ります。

　Googleドキュメントでレポートを作成する場合は、以上の設定が一番見やすいでしょう。もちろん、指定された設定があるなら、それに従ってください。

(2)表紙をつける

　完成稿ファイルの最初のページの一番左上にカーソルを合わせ、Ctrlキーを押しながら、Enterキーを押してください。すると、前に1ページ挿入されましたね。このページを表紙にします。

　表紙には、研究レポートのタイトル、氏名、作成年月日をバランスよく入れましょう。

　タイトルが主題と副題から成る場合は、**表示形式→段落スタイル→タイトル**で主題を書き入れ、改行して、**表示形式→段落スタイル→サブタイトル**で副題を書き入れます。フォントサイズが自動的に調整され、主題が大きく、副題が小さくなります。

　表紙の下の方に、**氏名**と**作成年月日**を入れますが、こちらは**標準テキスト**でOKです。

　タイトル、氏名、作成年月日は、すべて**中央揃え**にします。

(3)ページ番号を入れる

　次に、ページ番号を挿入します。**挿入→ページ番号**と進むと、図21に示したように4種類のページ番号の入力スタイルを選べます。

図 21 Google ドキュメントへのページ挿入
(出所) 筆者作成

　丸をつけた右上のスタイルを選ぶと、表紙の次のページからページ番号がヘッダーの右上に自動的に挿入されます。これで、本文と引用文献一覧にのみページ番号がつきます。

⑷図表を整え、番号をつけ、配置を調整する

　図表は、すべて画像ファイルとして用意しておきましょう。文献資料からスキャンした場合は、最初から画像ファイルとして保存してあるでしょう。もしも pdf ファイルとして保存してあった場合は、画像ファイルに変換しておきましょう。エクセルや Google スプレッドシートに整理した統計データから自分でグラフを作る場合も、個々のグラフを画像ファイルとして、それぞれ保存しておきましょう。

　画像ファイルの**ファイル名**は、図表の見出し文そのも

のにしておくと、Googleドキュメントに取り込む際にまちがいが少なくなります。また、ファイル名には、出典も明記しておくと便利です。たとえば、「7. データに事実を語らせる」のDの(1)の図14(116ページ)のファイルであれば、次のようなファイル名をつけておきます。

　所得金額階級別世帯数の相対度数分布(厚生労働省
　2016p11)

　出典明記の書式は(出版年：ページ)ですが、ファイル名にはコロンが使えないので、「：」を「p」に置き換えています。

a. 図表の画像を挿入する

　図表が一番関係するパラグラフとその次のパラグラフの間に空行を5行入れ、**図**ならその2行目、**表**ならその3行目に挿入します。

　挿入した画像の上にカーソルを合わせて右クリックすると、画像の枠が表示され、左下に、行内｜テキストを折り返す｜上下という欄が出てきますので、行内をクリックします。

　これで、パラグラフ間の4行の空行の1行目と2行目または2行目と3行目の間に、画像が配置されました。

　再び画像の上にカーソルを合わせて右クリックし、画像の枠を表示させたうえで、「表示形式」→「整列」→「中央揃え」を選んで、画像をページの真ん中に配置してください。

b. 図表に見出し文と出所を書き入れる

　図の場合は、上のパラグラフと画像の間に1行の空行があり、画像の下に3行の空行があるはずです。画像の下の最初の空行に**図の番号**と**図の見出し文**を入れ、中央揃えにします。次に、その下に**(出所)**と入れ、出典を示します。

　表の場合は、上のパラグラフと画像の間に2行の空行があり、画像の下に2行の空行があるはずです。画像のすぐ上の空行に**表の番号**と**表の見出し文**を入れ、中央揃えにします。次に、画像のすぐ下の空行に**(出所)**と入れ、出典を示します。

　図表ともに、自作の場合は(出所)のところに**筆者作成**と書きます。ただし、図表作成に用いたデータを他人の著作から借用している場合は次のように書きます。

　(出所) 著者姓(出版年：ページ)より筆者作成

　慣例として、表番号と見出し文は表の上、図番号と見出し文は図の下に入れます。(出所)は、図の場合は図番号と見出し文の下、表の場合は表のすぐ下になります。とりあえず、番号抜きで、見出し文と(出所)を書き入れる作業を進めます。

c. 図表に番号をつける

　すべての図表画像をはりつけたら、図と表それぞれ別々に通し番号をつけていきます。これも慣例です。

　この本でも、この形式で図表を作成していますから、

参考にしてください。

　写真は、図として扱ってください。特に写真が多い場合は、図表と別に、写真1、写真2というように、写真だけで通し番号をつけることもあります。この場合、図と同じように、写真番号と見出し文は、写真の下に書き入れます。

　ページの下のほうに画像を移動または挿入しようとすると、画像が自動的に次のページに置かれてしまうことがあります。これは、画像が大きすぎるからなのですが、気にせず作業を進めましょう。文章を推敲するたびに、また位置がずれてしまうからです。

　図表の配置の調整は、文章の作成と編集が完了したあと、最後の最後に行います。

(5)章・節の並びを整えて番号をつける

　「完成稿」ファイルのなかで、話が最も**論理的**に進む順番に、本論の節と章を並べます。節の並べ替えが必要な場合は、だいたい章の内部で行いますが、時には他の章に移動したほうがいいこともあります。何度も読み返してみて、一番スッキリした並び方にしてください。

　同じように、節のなかでも、パラグラフの並べ替えが必要かどうかチェックしましょう。補助説明パラグラフを**追加**したり、不要なパラグラフを**削除**したりするといった編集も必要になることがあります。追加も削除も、パラグラフ単位で行うことをお勧めします。なぜならば、既に述べたように、パラグラフは最小限のまとまった論

述の単位だからです。

すべての並べ替えが終わったら、節と章に番号をつけます。レベルの区別を明らかにするために、章番号はアラビア数字(1、2、3…)、節番号はアルファベット(A、B、C…)、節のなかの小区分は(　)つきのアラビア数字((1)、(2)、(3)…)にします。また、章番号と章タイトルは中央揃え、節番号と節見出しは左揃えにします。

A4で10〜30枚程度の研究レポートでは、章ごとに改ページする必要はありません。章番号と章タイトルの上下に1行の空行を入れましょう。章のなかでは、節の切れ目すなわち節番号と節見出しの上に1行の空行を入れますが、節番号と節見出しの下には空行を入れずに最初のパラグラフを置きます。

(6)引用文献一覧を挿入する

こうして序論から結論まで完成したら、結論の最後の文の下に空行を1行入れておきます。次に、「引用文献一覧」ファイルを開き、その全体を「完成稿」ファイルの末尾に挿入します。その際に、うっかり書式なしで貼り付けを選んでしまうとぶら下げが全部消えてしまいますから注意してください。

これで、研究レポートの完成でーす！

> **研究の基礎技術 28**
>
> 研究レポートは見た目も大事。美しく形を整えよう。

⑺ **あとがきをつける（オプション）**

完成した研究レポートの末尾に、あとがきをつけることもできます。

あとがきでは、研究レポートづくりを進めるうえでお世話になった人々への感謝の言葉を述べたり、自由な感想を書いたりします。

高校や大学の授業の課題として研究レポートを作成した場合は、授業の感想や授業改善のための意見を書いてもよいでしょう。教員の指示に従ってください。

D 提出する

⑴ **電子提出するときはpdfファイル**

今では研究レポートをpdfファイルに変換して電子提出するのが普通でしょう。

Googleドキュメントでは、ファイル→形式を指定してダウンロード→PDFドキュメント（.pdf）を選び、使用しているブラウザの指示に従って、ハードディスクなりUSBメモリなりを指定し、好きなファイル名をつけて保存してください。通常は、ファイル名を「学生番号氏名（提出年月日）」にします。

例 52L340 沼崎一郎（20170919）

これで、だれがいつ作成したファイルか一目瞭然です。

電子提出する場合は、pdfファイルをメール添付して指定されたアドレス宛に送付するか、指定されたウェブ

サイトにアップロードします。

(2)お礼に差し上げるときは紙にプリント

　忘れてはいけないのは、お世話になった方々へも、感謝のしるしとして、完成した研究レポートを差し上げなければいけないということです。

　アドバイスを受けた大学教員には、実際に紙にプリントした研究レポートを携えて、お礼にうかがいましょう。手渡したとたんに、パラパラとめくって目を通してくれるはずです。もしかすると、すぐに質問攻めにあうかもしれません。でも、きっとほめてもらえますよ。

　ほかにもお世話になった人がいる場合は、やはり研究レポートを手土産にお礼にうかがいましょう。これも、相手を人間として尊重するという研究のインテグリティの一部です。

パワーアップ・レッスン3

構想や結果をプレゼンテーションする

A 基本的な注意点

　高校や大学の研究レポート作成の授業では、しばしばプレゼンテーションが求められます。何を研究したいか、研究の進み具合はどうか、最終的に何がわかったのかを、みんなの前で話し、質問やコメントをもらうわけです。大学の卒業研究でも、構想発表、中間発表、結果発表といったプレゼンテーションの機会があります。

　そこで、**プレゼンテーションの基礎技術**を説明したいと思います。

　プレゼンテーションの基本は、与えられた時間内に伝えなければならないことをすべて伝えるということです。

　一般的なプレゼンテーションは、15〜30分で行います。多くの学会発表も、だいたいこの範囲に収まっています。

　ここでは、5分くらいで自分の研究レポートの構想や中間報告を発表するやり方を解説します。

(1)読み上げ原稿をつくる・・・・・・・・・・・・・・・・・・・・・

　プレゼンテーションに際しては**読み上げ原稿**を用意しましょう。もちろん、本番では、紙を見ながら文章を棒読みするのは最悪のプレゼンテーションです。しかし、本番のプレゼンテーションをキッチリ制限時間内に収め

るためには、事前に読み上げ原稿を用意し、実際に読んでみて、かかる時間を測定しておく必要があります。

測定した結果、自分の読み方では制限時間をオーバーするという場合は、読み上げ原稿の一部を削って、制限時間内に終わるようにしなければいけません。もし、読み上げてみたら時間が余ったというのであれば、読み方が速すぎなかったかのチェックも必要ですし、スピードに問題ないなら、もう少し話す内容を増やしても大丈夫かもしれません。そういうことを知るためにも、読み上げ原稿を書いて、実際に何分何秒かかるか測りながら、大きな声で読んでみる必要があるのです。

あくまでも一般論ですが、聞き取りやすく話せる分量は、だいたい1分250～300字です。したがって、準備する読み上げ原稿は、5分で1250～1500字程度になります。

> **プレゼンテーションの基礎技術1**
> 制限時間内にキッチリ話せるように、**読み上げ原稿**を用意する。

(2)聞いてわかる言葉で話す

読み上げ原稿は、耳で聞いてわかる言葉で書かなければいけません。難解な漢字語を多用した論文調の文章は、目には入っても、耳にはなかなか入りません。できるだけやさしい言葉づかいで書きましょう。

たとえば、「平易な表現を使用すべきである」などとは書かないということです。使い慣れていないと「へいい」という音を聞いてすぐ「平易」を思いつかないかもしれないからです。しかし、「やさしいことばづかい」という音なら、すんなり耳に入ります。

> **プレゼンテーションの基礎技術 2**
> 誤解されないために、**聞いてわかる言葉**でハッキリ話す。

B スライドの準備

プレゼンテーションの際は、スライドを使用します。Google は、**Google スライド**というサービスを無料で提供しており、マイクロソフトの PowerPoint との互換性もあります。そこで、Google スライドを使って、スライドづくりのポイントを説明しましょう。

スライドは見せるものですから、すべてをスライドにするのではなく、**目で見たほうがわかりやすいもの**だけをスライドにします。

一番よい例が、**写真**です。写真を見せずに何が写っているかを言葉で説明するのは大変ですが、見せれば一目でわかるものですよね。見たことがないものが写っていれば「それ何ですか？」と聞かれます。そうしたら、それを指さしながら、それが何かを口で説明しますね。

プレゼンテーションで使うスライドも同じです。言葉で説明すると時間がかかって大変だが、見れば一目でわかるものをスライドにするのです。そして、見ただけではわからない部分だけを言葉で説明します。ですから、読み上げ原稿をそのままスライドに移し、小さな文字がスライドを埋めるようなことをしてはいけません。

> **プレゼンテーションの基礎技術3**
> スライドは見せるもの。**一目でわかるスライドを**つくる。

(1)構想発表用スライド

それでは、5分で構想発表をする際に準備するスライドの作り方を説明しましょう。**図22**に示すように、6枚のスライドを用意します。

スライド1には、研究レポートで取り組む**問い**と、**氏名**のみを大きく書きます。発表者が交替する際、少し時間がかかりますから、その間にスライド1を映しておきます。そして、マイクを持ったら「それでは発表をはじめます。よろしくお願いします」と言うだけで、次のスライドに切り替えます。問いも氏名も見ればわかるからです。氏名の読み方が難しいときは、「××と申します、よろしくお願いします」と自己紹介を追加してください。

スライド2は、**研究トピック**(小さなトピック)の説明です。スライドの見出しは「研究トピック」と書きます。

```
┌─────────────────────┐   ┌─────────────────────┐
│                     │   │ 研究トピック         │
│                     │   │ ○○○○○○    ┌──────┐│
│      「問い」       │   │ ・補助説明1 │トピック││
│       氏　名        │   │ ・補助説明2 │を表す ││
│                     │   │ ・補助説明3 │イラスト││
│                     │   │             └──────┘│
└─────────────────────┘   └─────────────────────┘
       スライド1                 スライド2

┌─────────────────────┐   ┌─────────────────────┐
│ 研究テーマ           │   │ 研究動機             │
│ ○○○○○○    ┌──────┐│   │ ・○○○だから、このトピッ│
│ ・補助説明1 │テーマを││   │   クにした           │
│ ・補助説明2 │表す   ││   │ ・○○○だから、このテーマ│
│ ・補助説明3 │イラスト││   │   にした             │
│             └──────┘│   │                     │
└─────────────────────┘   └─────────────────────┘
       スライド3                 スライド4

┌─────────────────────┐   ┌─────────────────────┐
│ 予想される「答え」   │   │ 参考文献             │
│ 「問い」             │   │ ・新聞記事(主なもの2つか3つ)│
│                     │   │   新聞名「記事見出し」年月日│
│    YES(またはNO)    │   │ ・新書(重要な1～2冊) │
│                     │   │   著者姓名『書名』出版社、出版年│
└─────────────────────┘   └─────────────────────┘
       スライド5                 スライド6
```

図22　構想発表用スライドのテンプレート
(出所) 筆者作成

○○○○○○のところに、「歩きスマホ」とか「通り魔事件」とか、自分の選んだ研究トピックを一言で書きます。研究トピックについての補助説明1～3は、読み上げ原稿に出てくるキーワードまたはフレーズを箇条書きにしたものです。歩きスマホについてであれば、

・　転んでケガをする

- ぶつかって人にケガをさせる
- 社会に大迷惑をかける

などと並べます。これくらいの短いフレーズだと、パッと見ただけでわかりますよね。しかも、上の2つについては説明しなくても想像がつきますね。しかし、社会に大迷惑をかけるとはどういうことかは、見ただけではよくわかりませんよね。きっと「どんな迷惑だろう？」という疑問が頭に浮かぶはずです。そこで、これについては「たとえば、歩きスマホをしていて駅のホームから転落する人が少なくありませんが、その救出に時間がかかって列車の運行に遅れが出れば、多くの通勤・通学客に迷惑をかけることになります」といったように、少し詳しく口で説明することになります。

ここに入れるイラストは、スマホを持って転ぶ人とか、スマホを見ている人の乗った自転車が歩行者にぶつかるところなどの絵または写真を使いましょう。そうすると、箇条書きの補助説明が一層わかりやすくなります。

スライド3は、**研究テーマ**（大きなテーマ）の説明です。作り方のポイントは、スライド2と全く同じです。

スライド4は、**研究動機**の説明です。研究トピックと研究テーマそれぞれについて、選んだ理由を簡単に書きます。どちらも、1行20字以内で書きましょう。「一目でわかる」のは、それくらいが限度だからです。口でする説明の見出しのようなものだと考えてください。もちろん、よいイラストがあればはりつけてください。

スライド5は、問いに対する**答え**の表明です。問いの文をもう一度ここに書いて、その下に大きくYESかNOを入れます。英語のほうがカタカナよりも見た目がいいでしょう。どちらにせよ、まだ予想であり仮の答えなわけですが、どっちの方向で研究を進めるのか「一目でわかる」ようにします。そして、予想がイエスあるいはノーである理由を口で説明することになります。

スライド2〜5については、それぞれ1分くらい使って説明します。読み上げ原稿に、どこでスライドを切り替えるか目印をつけておきましょう。

スライド6は、**参考文献**の提示です。研究トピック選びに使った新聞記事のなかで最も重要なものの見出し2〜3と、研究テーマ選びに役立った新書(あるいは他の本)1〜2冊を紹介します。このスライドも見せるだけでOKです。口では「参考文献はご覧のとおりです」とだけ言えばいいでしょう。そして、質疑応答に入ります。

(2)中間発表用スライド

図23が、中間発表用のテンプレートです。

構想発表用に比べると、文字が増えます。しかし、「見ればわかる」ように、できるだけフォントは大きく、行数も少なくしましょう。目を左右に動かさなくても全文が目に入るかどうかがポイントです。

スライド1は、基本的に構想発表用スライド1と同じです。ただし、研究レポートの**タイトル案**が既にあれば、それを書きます。(仮)とつけるのは、仮の題だからです。

第3章　研究レポートを書く　◆　231

タイトル(仮) 氏名	1. 研究目的と研究方法 ・目標規定文の前半①〜③の部分を、2行40字以内で要約 ・資料を集める場所と方法について、場所ごとに列挙
スライド1	スライド2

3. 結果(1)質的データ (2〜3枚になってもよい) 今のところ手に入った最も重要な「事実」の具体的な記述を、1つか、2つか、3つ。	3. 結果(2)量的データ (2〜3枚になってもよい) 今のところ手に入った最も重要な統計をグラフにして、1つか、2つか、3つ。
スライド3	スライド4

4. 結論の見通し ・目標規定文の③の問いを、予想がYESなら肯定文、予想がNOなら否定文にして提示 ・目標規定分の⑥の部分	5. 引用文献 質的データ、量的データの出所、目的と方法の説明の際に引用した文献など、スライドのなかで触れた文献を全部リストする(このスライドだけは、小さなフォントで行数が多く、少々見づらくてもかまわない)
スライド5	スライド6

図23　中間発表用スライドのテンプレート
(出所)　筆者作成

　スライド2は、**研究目的**と**研究方法**の説明です。第2章の「4. 問いを立て、答えを見とおす」のCで説明した**目標規定文**をもとに作成します。研究方法については、どこでどんな資料を集める予定か、そして既にどこでどのような資料を入手したかを箇条書きで示してください。

スライド3と4には、既に集めた資料から得たデータから、最も重要なものを選んで載せます。

　質的データは簡潔に見てわかる分量の記述にしましょう。もし写真その他のイラストが添えられるようであれば、ぜひはりつけてください。

　量的データはグラフで示しましょう。細かい数字の並ぶ表は、どうしても見づらいし、傾向性がパッと目に入ってこないので、使わないほうがいいでしょう。

　発表時間が短ければ、質的データも量的データも、最も重要なもの1つに絞ります。発表時間に余裕があれば、それに応じて見せるデータの数を増やします。

　スライド5は、**結論の見通し**の説明です。問いに対してどのような答えを出すのか、その結果どのような知見が得られるのか、**目標規定文**をもとに要約して示してください。

　スライド6は、スライド2～5で**引用**または**言及**した**文献**をすべてリストアップします。参考文献ファイルから抜き出して、アルファベット順に並べてください。「出典は以下のとおりです」と言って、このスライドを映しながら、質疑応答をします。

　このスライドだけは、細かい文字が何行も並んで少々見づらくてもかまいません。質疑応答のあいだに、文献の書誌情報を読みたい人は、目をこらして読むことができるからです。

(3)結果発表用スライド

　結果発表用のスライドは、基本的に中間発表用と同じですから、見本は省略します。

　中間発表との唯一の違いは、**スライド5**が結論の見通しではなく、最終的な**結論**になり、その意義の**考察**が加わるところです。

　発表時間に余裕があれば、**スライド5**と**スライド6**の間に**展望**と題するスライドを追加し、**今後の課題**などを見せることもできます。

引用文献一覧*

秋岡 史(2003)．ストーカー犯罪――被害者が語る実態と対策 新装版 青木書店

芥川 龍之介(1980)．地獄変・邪宗門・好色・藪の中 他七篇 岩波文庫

朝日新聞(2006)．クジラ余り 解消を 販売促す新会社 朝日新聞 5月11日朝刊, 11.

朝日新聞(2007)．造田被告, 死刑確定へ 池袋路上殺傷 最高裁が上告棄却 朝日新聞 4月20日朝刊, 35.

朝日新聞(2008a)．下関殺傷 死刑確定へ 無差別, 責任能力認める 最高裁 朝日新聞 7月12日朝刊, 1.

朝日新聞(2008b)．「日本で暮らしたい」 仮放免の延長通告 娘の夢「ダンス教師」 比国人一家, 最高裁で国外退去確定 朝日新聞 10月28日埼玉版朝刊, 30.

朝日新聞(2009a)．在留不許可の比人一家 強制送還の場合「長女残させて」 朝日新聞 3月7日朝刊, 38.

朝日新聞(2009b)．法の公平か人権か 長女のみ在留検討へ 偽造旅券で入国 両親は免責せず 朝日新聞 3月10日朝刊, 39.

朝日新聞(2009c)．天声人語 朝日新聞 3月11日朝刊, 1.

朝日新聞(2009d)．社説 フィリピン家族 森法相はここで英断を 朝日新聞 3月12日朝刊, 3.

朝日新聞(2009e)．娘残し, 両親帰国 朝日新聞 4月14日朝刊, 1.

朝日新聞(2009f)．社説 入管法改正 監視よりも共生の発想で 朝日新聞 6月7日朝刊, 3.

朝日新聞(2010)．金川被告の死刑が確定 土浦連続殺傷 朝日新聞 1月5日朝刊, 35.

朝日新聞(2015)．秋葉原殺傷事件 死刑判決確定へ 最高裁判決「酌量の余地ない」 朝日新聞 2月3日朝刊, 1.

朝日新聞(2017)．運転中にポケGO, 禁錮3年判決 愛知の小4死亡事故 3月8日朝日新聞DIGITAL. http://www.asahi.com/articles/ASK376CYKK37OIPE021.html (2017年4月1日)

Ballantyne, C. (2009) What is third-hand smoke? Is it hazardous? *Scientific American*, 6. https://www.scientificamerican.com/article/what-is-third-hand-smoke/ (2017年8月10日)

中央公論社（1962）．中公新書刊行のことば．桑原武夫（編）日本の名著——近代の思想（巻末）　中公新書
critical thinking (n. d.). Dictionary.com Unabridged. http://www.dictionary.com/browse/critical-thinking（2017 年 3 月 13 日）
デュルケーム，E.（1989）．社会分業論（上・下）（井伊玄太郎訳）　講談社学術文庫
ガリレイ，ガリレオ（1937）．新科学対話（上）（今野武雄・日田節次訳）　岩波文庫
ガリレイ，ガリレオ（1948）．新科学対話（下）（今野武雄・日田節次訳）　岩波文庫
後藤　啓二（2006）．企業コンプライアンス　文春新書
林田　学（1995）．PL 法新時代——製造物責任の日米比較　中公新書
Hirayama T. (1981). Non-smoking wives of heavy smokers have a higher risk of lung cancer: a case study from Japan. *British Medical Journal*, 282, 183-185.
広河　隆一（1987）．パレスチナ　岩波新書
Houghton Miffin Harcourt Publishing Company (2017). *The American Heritage Dictionary of the English Language*, Fifth Edition. https://ahdictionary.com/（2017 年 8 月 10 日）
法務省（1982）．第 1 編／第 3 章／第 1 節／2　通り魔犯罪　昭和 57 年版犯罪白書　http://hakusyo1.moj.go.jp/jp/23/nfm/n_23_2_1_3_1_2.html（2017 年 3 月 30 日）
法務省法務研究所（2013）．研究部報告 50　無差別殺傷事犯に関する研究　http://www.moj.go.jp/housouken/housouken03_00068.html（2017 年 3 月 30 日）
ハフ，ダレル（1968）．統計でウソをつく法——数式を使わない統計学入門　講談社ブルーバックス
岩波　茂雄（1988）．岩波新書を刊行するに際して　岩波書店編集部（編）岩波新書の 50 年（pp. 143-145）　岩波新書別冊（再録，1938）
謝花　直美（2008）．証言　沖縄「集団自決」——慶良間諸島で何が起きたか　岩波新書
鎌田　慧・池田　一慶・小林　美希・本田　由紀（2008）．秋葉原事件・何が問われているのか——若者の生きることと働くことをめぐって　世界　8 月，41-51.
警察庁（2000）．警察白書　平成 12 年版　https://www.npa.go.jp/ha

kusyo/h12/h12index.html(2017年3月30日)

警察庁(2005). 平成16年の犯罪情勢　https://www.npa.go.jp/toukei/keiji23/hanzai.pdf(2017年3月30日)

警察庁(2016). 平成26, 27年の犯罪情勢　https://www.npa.go.jp/toukei/seianki/h26-27hanzaizyousei.pdf(2017年3月30日)

警察庁生活安全局生活安全企画課刑事局捜査第一課(2016). 平成27年におけるストーカー事案及び配偶者からの暴力事案等の対応状況について　https://www.npa.go.jp/safetylife/seianki/stalker/seianki27STDV.pdf(2017年3月30日)

北原みのり(2008). 男の暴力——秋葉原無差別殺傷事件に思うこと　世界　8月, 52-58.

厚生労働省(2016). 平成27年国民生活基礎調査の概況　http://www.mhlw.go.jp/toukei/saikin/hw/k-tyosa/k-tyosa15/dl/16.pdf(2017年3月29日)

共同販売株式会社(n.d.). 事業内容の紹介　http://www.kyodohanbai.co.jp/services.html(2017年3月28日)

共同船舶株式会社(n.d.). 事業内容の紹介　http://www.kyodosenpaku.co.jp/services.html(2017年3月28日)

レヴィ＝ストロース, クロード(1976). 野生の思考(大橋保夫訳)　みすず書房

レヴィ＝ストロース, クロード(2001). 悲しき熱帯(Ⅰ・Ⅱ)(川田順造訳)　中公クラシックス

Macfarlane, Bruce (2009). *Researching with Integrity: The Ethics of Academic Enquiry.* New York and Oxon: Routledge.

毎日新聞(2016). 列車の遅れ　実はスマホ落下が原因, 2割超も　首都圏JR　6月13日ウェブ版, http://mainichi.jp/articles/20160614/k00/00m/040/038000c(2017年4月1日)

的場昭弘(2015). 大学生に語る資本主義の200年　祥伝社新書

松井健(2009). 風　見てほしい「両親の国」　朝日新聞　4月26日朝刊, 4.

内閣府男女共同参画局(2013). 女性の労働力率(M字カーブ)の形状の背景　男女共同参画白書　平成25年版(pp.12-19)　http://www.gender.go.jp/about_danjo/whitepaper/h25/zentai/pdf/h25_tokusyu1.pdf(2017年3月29日)

内閣府男女共同参画局(n.d.). 第4次男女共同参画基本計画(平成27年

12月25日決定）用語解説　http://www.gender.go.jp/about_danjo/basic_plans/4th/index.html(2017年4月3日)

内藤 和美(1994)．女性学をまなぶ　三一新書

中島 岳志(2013)秋葉原事件——加藤智大の軌跡　朝日文庫

中山 千夏(2008)．連載コラム「リブらんか」6　秋葉原は究極の卓袱台返しだよ　週刊金曜日　6月20日, 32-34.

日本学術振興会「科学の健全な発展のために」編集委員会(2015)．科学の健全な発展のために——誠実な科学者の心得　丸善出版

日本鯨類研究所(n. d.)．捕獲調査とその副産物について　http://www.icrwhale.org/pdf/09-A-6.pdf(2017年3月28日)

日本経済新聞(2014)．殺人事件, 戦後初めて1000件下回る　13年警察庁まとめ　日本経済新聞　1月10日電子版 http://www.nikkei.com/article/DGXNASDG0902S_Z00C14A1CR8000/(2017年3月30日)

日本心理学会(2015)．執筆・投稿の手びき　2015年改訂版　http://www.psych.or.jp/publication/inst.html(2017年3月15日)

西内 啓(2013)．統計学が最強の学問である——データ社会を生きぬくための武器と教養　ダイヤモンド社

西内 啓(2014)．統計学が最強の学問である[実践編]——データ分析のための思想と方法　ダイヤモンド社

沼崎 一郎(2014a)．台湾社会の形成と変容～二元・二層構造から多元・多層構造へ～　東北大学出版会

沼崎 一郎(2014b)．男性性　国立民族学博物館(編)世界民族百科事典 (pp. 668-669)　丸善出版

野間 省一(2014)．「講談社現代新書」の刊行にあたって　講談社現代新書出版部(編)講談社現代新書50周年　1964～(表扉)　講談社現代新書別冊(再録, 1964)

大村 平(2002)．改訂版　統計のはなし——基礎・応用・娯楽　日科技連出版社

さかもと 未明(2008)．コラム・断　秋葉原事件の「男性性」　産経ニュース7月2日ウェブ版 http://sankei.jp.msn.com/culture/academic/080702/acd0807020254000-n1.htm(2008年7月9日)

佐々木 力(1996)．科学論入門　岩波新書

佐藤 優・雨宮 処凛(2008)．秋葉原事件を生み出した時代——"非正規"の怒りは臨界点に達した　中央公論　8月, 80-87.

清水 潔(2004). 桶川ストーカー殺人事件——遺言 新潮文庫
シン, サイモン(2009). 宇宙創成(上・下)(青木薫訳) 新潮文庫
新村 出(編)(2018)広辞苑 第七版 岩波書店
須田 桃子(2015). 捏造の科学者——STAP 細胞事件 文藝春秋
水産庁(2011). 鯨類捕獲調査の現状について http://www.jfa.maff.go.jp/j/study/enyou/pdf/shiryo2_4.pdf(2017 年 3 月 27 日)
高橋 昭男(2000). PL 法があなたを守る 宝島社新書
東京消防庁(2016). 歩きスマホ等に係る事故に注意! http://www.tfd.metro.tokyo.jp/hp-sinagawa/info/shinagawadayori/280728.html(2017 年 3 月 12 日)
鳥越 俊太郎・取材班(2000). 桶川女子大生ストーカー殺人事件 メディアファクトリー
鳥越 俊太郎・小林 ゆうこ(2002). 虚誕——警察につくられた桶川ストーカー殺人事件 岩波書店
雲仙岳災害記念館(2011). 雲仙岳災害記念館 http://www.udmh.or.jp(2017 年 11 月 10 日)
山田 忠雄・柴田 武・酒井 憲二・倉持 保男・山田 明雄・上野 善道・井島 正博・笹原 宏之(編)(2012). 新明解国語事典 第七版 三省堂
読売新聞水戸支局取材班(2016). 死刑のための殺人——土浦連続通り魔事件・死刑囚の記録 新潮文庫
木下是雄(1981). 理科系の作文技術 中公新書

＊このリストの書式は,原則として APA スタイルに準拠した日本心理学会の『執筆・投稿の手びき(2015 年改訂版)』(日本心理学会 2015)に従っていますが,初心者のために,わかりやすさと見やすさを考慮して,いくつか変更した点があります.詳しくは,206 ページ以下の説明を参照してください.

あとがき ── 研究レポート作成を指導なさる方々へ

　私が初めて大学 1 年生に研究レポートの作成を教えたのは、1993 年のことでした。当時はワープロ専用機が使われはじめたばかりで、まだ多くの学生が原稿用紙に手書きのレポートを提出していました。

　その後、パソコンとインターネットが急速に普及し、Google などの検索エンジンの利用が広まりました。2000 年代も後半になるとクラウドサービスが発展してきたので、これを研究レポート作成の指導に使えないかと 2010 年から試行錯誤をはじめました。そして 2012 年からは、研究レポート指導のあらゆる段階で Google ドライブを使い、最終レポートも pdf ファイルでウェブ提出させるという授業スタイルにしています。これには大きなメリットがあるからです。

　第 1 に、Google のサービスとアプリはすべての OS に対応しているので、自分のパソコンやスマホでは使えないという学生が出る心配がないということです。

　第 2 に、そしてより重要なことに、Google ドライブを学生と共有することで、彼ら彼女らが作業を進める状況を逐一観察でき、ファイルにコメントを書き込むことによって授業時間外でも指導ができるということです。

　学生は、私のコメントに応じて新聞記事探しや新書探し、資料探しを進めることができますし、コメントに返信することによって私に質問することもできます。

研究レポートの下書きをつくりはじめてからは、ファイル上で学生の書いた文章を見ながら添削指導することができます。時には、私と学生が同じファイルを同時に開いていて、私のコメントや添削に学生が即座に反応するなんてこともあります。お互いに画面上で相手のカーソルがあちらこちらに移動しつつ新しい書込みがなされる様子をリアルタイムで見ることができ、一緒に作業している気分になります。

　Googleは、Google＋というSNSサービスも提供していたので、私は授業の受講生全員と1つのサークルをつくり、情報発信と質疑応答に使っていました。サークルのメンバーに限定してメッセージのやりとりができるので、部外者に見られることなく、安心してコミュニケーションがとれたからです。

　SNSの利点はメッセージを参加者全員が共有できることです。Google＋への質問の投稿と私の返信とは、授業の受講生全員が見ることができます。ですから、Google＋を使うと、授業中と同様に、授業外でも受講生全員が質疑応答を共有できました。個々の受講生と個別にメールのやりとりをするより効率的に質疑応答ができたわけです。2019年4月、Google＋の廃止にともない、Lineグループに移行しました。

　Googleドライブ上のファイルへのコメントの書込みやコメントへの返信の書込みがあると、Gメールに通知が届くように設定できます。Gメールを使っていれば、コメントの見落としをする心配はありません。

また、Googleのサービスはスマホやタブレットのアプリで使えますから、図書館で作業中の学生からのGoogle＋への投稿に、出張のため新幹線で移動中の私が答えるといったことも可能です。喫茶店でコーヒーを飲んでいるときでも、タブレットを使って学生のGoogleドキュメントにコメントを書き込むこともできます。

デメリットがあるとすれば、指導する私は休むまもなくなり、指導される学生は隠れてサボることが難しいということくらいでしょうか。

研究レポート作成には、こまめな指導が必要です。この本を読んだだけでやり方がわかる高校生や大学生は少ないでしょう。おそらく彼ら彼女らの大多数がやったことのないことばかりやらせようとする本ですから。

一番大変なのは、新聞の縮刷版1年分に目を通して研究トピックを探すという作業でしょう。新聞を読む習慣が身についていないと、ざっと紙面を眺めてパッと興味深い記事を見つけることができないからです。この本の指示通りに「知らないこと」すべてをメモしようとすると、何時間かけても1カ月分読み通すことさえできずに途方に暮れるということになりかねません。

私は「いろいろなことがからんだ大きなできごとや事件に注目しなさい」と指導していますが、それでも相当苦労するようです。

誘導になってはいけませんが、「研究トピック候補」ファイルに記事メモがたまってきたら、「これやってみ

たら？」とか「これおもしろそうじゃない？」と教員が適宜コメントしてあげる必要があります。時には、探し方のアドバイスも書き込みます。なかなか作業の進まない学生には「がんばれ！」とも書き込みます。

研究レポート作成は、授業中よりも授業時間外の作業が大きいものです。図書館で、自宅で、1人でコツコツ作業しなければなりません。しかし、Googleドライブや Google＋を使うことによって、たった1人で作業しているときも、教員と仲間たちに見守られていると安心できるようになり、教員や仲間たちのコメントやメッセージに励まされて、がんばる気力がわいてくるようです。

今までやったことのないことに取り組むわけですから、研究の各段階で手取り足取り指導することが、はじめての研究レポート作成では欠かせません。特に、研究レポートの下書きづくりから形式を整えて完成させるまでの段階では、何度も学生のファイルを見ては気づいたことをコメントする必要があります。そのために、Googleの提供する各種サービスは実に貴重な道具だと思います。無料で使えるだけに、なおさらです。

2020年はコロナ禍でオンライン授業となりましたが、本書を使い、共同作業をグーグルドライブと SNS で、雑談と交流を Zoom 等によるオンライン対話で行いました。それが友だちづくりに役立ったと、特に新一年生に喜ばれました。簡単料理ビデオもオンライン配信しました。これは一人暮らしの学生に好評でした。この経験は、コロナ後にも活かせると考えています。

沼崎一郎

東北大学文学部卒業。ミシガン州立大学大学院人類学科博士課程にて Ph. D. 取得。1991 年東北大学文学部講師、同助教授を経て、2004 年より東北大学大学院文学研究科教授。専門は文化人類学、台湾研究、人権論、ジェンダー論(特に男性性研究)。著書に『台湾社会の形成と変容』(東北大学出版会、2014 年)など。

はじめての研究レポート作成術　　岩波ジュニア新書 865

2018 年 1 月 19 日　第 1 刷発行
2022 年 5 月 25 日　第 6 刷発行

著　者　沼崎一郎(ぬまざきいちろう)

発行者　坂本政謙

発行所　株式会社 岩波書店
〒101-8002 東京都千代田区一ツ橋 2-5-5
案内 03-5210-4000　営業部 03-5210-4111
ジュニア新書編集部 03-5210-4065
https://www.iwanami.co.jp/

印刷製本・法令印刷

Ⓒ Ichiro Numazaki 2018
ISBN 978-4-00-500865-0　　Printed in Japan

岩波ジュニア新書の発足に際して

きみたち若い世代は人生の出発点に立っています。きみたちの未来は大きな可能性に満ち、陽春の日のようにひかり輝いています。勉学に体力づくりに、明るくはつらつとした日々を送っていることでしょう。

しかしながら、現代の社会は、また、さまざまな矛盾をはらんでいます。営々として築かれた人類の歴史のなかで、幾千億の先達たちの英知と努力によって、未知が究明され、人類の進歩がもたらされ、大きく文化として蓄積されてきました。にもかかわらず現代は、核戦争による人類絶滅の危機、エネルギーや食糧問題の不安等々、来るべき二十一世紀を前にして、解決を迫られているたくさんの大きな課題がひしめいています。現実の世界はきわめて厳しく、人類の平和と発展のためには、きみたちの新しい英知と真摯な努力が切実に必要とされています。

きみたちの前途には、こうした人類の明日の運命が託されています。ですから、たとえば現在の学校で生じているささいな「学力」の差、あるいは家庭環境などによる条件の違いにとらわれて、自分の将来を見限ったりはしないでほしいと思います。個々人の能力とか才能は、いつどこで開花するか計り知れないものがありますし、努力と鍛錬の積み重ねの上にこそ切り開かれるものですから、簡単に可能性を放棄したり、容易に「現実」と妥協したりすることのないようにと願っています。

わたしたちは、これから人生を歩むきみたちが、生きることのほんとうの意味を問い、大きく明日をひらくことを心から期待して、ここに新たに岩波ジュニア新書を創刊します。現実に立ち向かうために必要とする知性、豊かな感性と想像力を、きみたちが自らのなかに育てるのに役立ててもらえるよう、すぐれた執筆者による適切な話題を、豊富な写真や挿絵とともに書き下ろしで提供します。若い世代の良き話し相手として、このシリーズを注目してください。わたしたちもまた、きみたちの明日に刮目しています。(一九七九年六月)

岩波ジュニア新書

943 数理の窓から世界を読みとく
——素数・AI・生物・宇宙をつなぐ

初田哲男・柴藤亮介 編著

数学を使いさまざまな事象を理論的に解明する方法、数理。若手研究者たちが数理を共通言語に、瑞々しい感性で研究を語る。

944 自分を変えたい——殻を破るためのヒント

宮武久佳

いつも同じメンバーと同じ話題。親に勧められた大学に進学し、楽勝科目で単位を稼ぐ。ずっとこのままでいいのかなあ？

945 ヨーロッパ史入門 原形から近代への胎動

池上俊一

古代ギリシャ・ローマから、文化的統合体としてのヨーロッパの成立、ルネサンスや宗教改革を経て、一七世紀末までを俯瞰。

946 ヨーロッパ史入門 市民革命から現代へ

池上俊一

近代国家の成立や新しい思想の誕生、二度の大戦、アメリカや中国の台頭。「古い大陸」ヨーロッパがたどった近現代を考察。

947 〈読む〉という冒険 イギリス児童文学の森へ

佐藤和哉

アリス、プーさん、ナルニア……名作たちは、本当は何を語っている？「冒険」する読みかた、体験してみませんか。

948 私たちのサステイナビリティ——まもり、つくり、次世代につなげる

工藤尚悟

「サステイナビリティ」とは何かを、気鋭の研究者が、若い世代に向けて、具体例を交えわかりやすく解説する。

(2022.2)

岩波ジュニア新書

936 ゲッチョ先生と行く 沖縄自然探検 盛口 満
沖縄島、与那国島、石垣島、西表島、宮古島を中心に、様々な生き物や島の文化を、著名な博物学者がご案内！〔図版多数〕

937 食べものから学ぶ世界史 ——人も自然も壊さない経済とは？ 平賀 緑
食べものから「資本主義」を解き明かす！ 産業革命、戦争…。食べものを「商品」に変えた経済の歴史を紹介。

938 国語をめぐる冒険 渡部泰明・平野多恵・出口智之・田中洋美・仲島ひとみ
世界へ一歩踏み出せば、新しい出会いと成長への機会が待っています。国語を使ってどう生きるか、冒険をモチーフに語ります。

940 俳句のきた道 芭蕉・蕪村・一茶 藤田真一
古典を知れば、俳句がますますおもしろくなる！ 個性ゆたかな三俳人の、名句と人生、俳句の心をたっぷり味わえる一冊。

941 AIの時代を生きる ——未来をデザインする創造力と共感力 美馬のゆり
人とAIの未来はどうあるべきか。「創造力と共感力」をキーワードに、よりよい未来のつくり方を語ります。

942 親を頼らないで生きるヒント ——家族のことで悩んでいるあなたへ コイケ ジュンコ NPO法人ブリッジフォースマイル協力
虐待やヤングケアラー…。子どもはどのようにSOSを出せばよいのか。社会的養護のもとで育った当事者たちの声を紹介。

(2021.12)

岩波ジュニア新書

930 平安男子の元気な！生活
川村裕子

意外とハードでアクティブだった!?　恋に出世にライバル対決、元祖ビジネスパーソンたちのがんばりを、どうぞご覧あれ☆

931 SDGs時代の国際協力
——アジアで共に学校をつくる

西村幹子　小野道子　井上儀子

バングラデシュの子どもたちの「学校に行きたい！」を支えて——NGOの取組みから未来をつくるパートナーシップを考える。

932 コミュニケーション力を高めるプレゼン・発表術
上坂博亨　大谷孝行　里見安那

パワポスライドの効果的な作り方やスピーチの基本を解説。入試や就活でも役立つ「自己表現」のスキルを身につけよう。

933 確かめてナットク！物理の法則
ジョー・ヘルマンス　村岡克紀訳

ロウソクとLED、どっちが高効率？　物理学は日常的な疑問にも答えます。公式だけじゃない、物理学の醍醐味を味わおう。

934 深掘り！中学数学
——教科書に書かれていない数学の話

坂間千秋

三角形の内角の和はなぜ180°になる？　なぜ割り算はゼロで割ってはいけない？　なぜマイナス×マイナスはプラスになる？……

935 はじめての哲学
藤田正勝

なぜ生きるのか？　自分とは何か？　日常の一歩先にある根源的な問いを、やさしい言葉で解きほぐします。ようこそ、哲学へ。

(2021.7)

岩波ジュニア新書

924 過労死しない働き方
——働くリアルを考える
川人 博

過労死や過労自殺に追い込まれる若い人を、どうしたら救えるのか。よりよい働き方・職場のあり方を実例をもとに提案する。

925 障害者とともに働く
藤井克徳
星川安之

「障害のある人の労働」をテーマに様々な企業の事例を紹介。誰もが安心して働ける社会のあり方を考えます。

926 人は見た目！と言うけれど
——私の顔で、自分らしく
外川浩子

見た目が気になる、すべての人へ！「見た目問題」当事者たちの体験などさまざまな視点から、見た目と生き方を問いなおす。

927 地域学をはじめよう
山下祐介

地域固有の歴史や文化等を知ることで、自分・社会・未来が見えてくる。時間と空間を往来しながら、地域学の魅力を伝える。

928 自分を励ます英語名言101
小池直己
佐藤誠司

自分に勇気を与え、励ましてくれるさまざまな先人たちの名句名言に触れながら、自然に英文法の知識が身につく英語学習入門。

929 女の子はどう生きるか
——教えて、上野先生！
上野千鶴子

女の子たちが日常的に抱く疑問やモヤモヤに、上野先生が全力で答えます。自分らしい選択をする力を身につけるための1冊。

(2021.1)